雾满拦江——著

做一个快乐而简单的人

目 录

做 一 个 快 乐 而 简 单 的 人

第一章
你唯一有把握的，是成长

有时候，谁也帮不了你 /002

改变人生的五个问题 /010

你的性格，就是你的命运 /018

如何成为一个快乐而简单的人 /026

愿你自己成为太阳，无须凭借谁的光 /034

接受自己的平凡，才会成就非凡事业 /042

都怪你数学学得太好，所以人生诸多不如意 /050

你唯一有把握的，是成长 /058

你要在最好的年纪，活得无可替代 /066

人生没有失败，只有铺垫 /073

第二章
人生漫长，我只想活得轻松些

谋局不过人心，处世无非人性 /082

常存单纯之心，深味复杂人性 /090

有多少美好人生，毁在抬杠之心的控制下 /097

人生漫长，我只想活得轻松些 /104

恶人夜里不睡觉 /111

如果你对了，那你就错了 /118

王阳明 vs 季羡林：坏人最爱圣母心 /125

多认识些朋友，一辈子朝他们借钱 /132

比坏人更坏，才能做个好人 /139

你能做事业，果然是个傻子 /146

第三章
独立而不孤立，自强而不自闭

留给你的机会不多了，赶紧向我求爱吧 /154

为什么有人辛苦一生，却仍然生活在底层 /160

人生最重要的能力：如何一眼洞穿事物本质 /167

看不到希望不要紧，我给你 /174

人生适应力的七个阶段 /181

认知升级：爱上一匹野马，头上一片草原 /188

人生顶级智慧：垃圾分类，从我做起 /195

独立而不孤立，自强而不自闭 /202

出来混，其实用不着学太多东西 /209

人生没有地图，只有指南针 /216

第四章
跳出认知的坑，成为快乐的蠢货

认知的贫富差距 /224

激活休眠的人生，做条快乐的贱狗 /232

跳出认知的坑，成为快乐的蠢货 /240

财富与人性的认知层级 /248

人和人的差距，就看这一点 /256

命里有时终须有，命里无时莫强求 /265

人生破局：看见看不见，知道不知道 /272

决定你一生的，是趋势判断力 /280

做一个快乐而简单的人

第一章
你唯一有把握的，是成长

有时候，谁也帮不了你

< 01 >

有个穷人，找到一位财经分析师，说：我受够了，不想再过贫穷的日子，我要成为有钱人，我要让所有人都高看我一眼。

分析师：好，我愿意帮助你。

穷人：我不想改变我自己，我就是我。请告诉我，在这种情况下，我如何能在一年内赚到100万？

分析师：容易，太容易了。你只要往银行里存4000万，不需要做任何事，就能轻松拿到100万的利息。

穷人：我没有4000万。

分析师：这更容易，你只要往银行里存30个亿，不需要做任何事，一年下来，利息就是4000万。

穷人：你……我……你玩我！

分析师：不是我玩你，是你自己玩你自己。穷人和富人，其实是一样的，都有着4000万的能力资源，都能够赚到100万，但是有些人，因为成长过程中的认知残缺，把自己的能力抑制了。

你不肯打开你自己，不肯释放出你的能力，就无法改变你不喜欢的命运！

别固执，放开自己吧。

< 02 >

讲上面这个段子，是因为最近听说了一个很让人开心的故事。

有个年轻人，过得很悲惨。直到有一天，这年轻人勇敢地面对世界，打开自我，他的悲惨才告一段落。

这个年轻人，刚刚26岁。

他是个超生的孩子，当时家里已经有个孩子，但爹妈还是勇敢地把他生出来，为了逃避罚款，就把他送到了大城市的姑妈家。

姑妈家的生活水平很高，他啃着猪蹄成长，走在小朋友们中间，有一种自然而然的优越感。

只是幸福的日子太短暂。7岁时，他被送回家，看到的是一片鸡飞狗跳：母亲坐在沙发上哭，父亲蹲在一边哄，一片愁云惨雾。他的心，迅速沉了下去。

爹妈下岗了。从此没有猪蹄啃，也没有新衣服穿。

< 03 >

年轻人说，贫穷的生活带给他极度的自卑心理。

去亲戚家，看着一柜子一柜子的书，他好羡慕。想多读一会儿，可是亲戚不愿意借，自己更不敢开口。

最让他自卑的，是身边有好些漂亮的小妹妹喜欢他，叫他哥哥，可是他只能咬着牙，默默走开——没有钱，买不起小妹妹爱吃的糖葫芦！

走投无路的父母练了个小烧饼摊——孩子的心里，是痛苦屈辱的。他也听人说劳动者最光荣，听人说穷人的孩子早当家，可他就是光荣不起来，沦落至社会底层的父母让他生出无力承受的羞耻感。

父母每天凌晨起床，深夜方归。如此辛苦并没有唤醒他的心，而是让他备受煎熬。他怕同学们知道，怕人家嘲笑。别人的父母或有钱，或有权，而自己的背景却如此可怜。

但同学们还是发现了，就问他：附近有个烧饼摊，是你家开的吧？

不是！他高冷地否认。

⟨ 04 ⟩

初中时，他开始对班里的漂亮女生产生了朦胧的爱慕之情。可是他不敢吭声，因为太自卑。

耳听着家境富裕的男生与自己暗恋的女生说说笑笑，躲在一边的他心如刀割。

中考时发挥不理想，差了9分——只需要家里拿出两万元，他就可以读最好的高中。

父亲和母亲当场号啕大哭——拿不出两万元。

要不去找亲戚借吧。有钱的亲戚们微笑着，摇摇头，摆摆手，有钱也不借——贫居闹市无人问，富在深山有远亲。

他曾经那么怨恨：你们那么有钱，借我们一点，又如何？

等他长大自立了，才明白过来，人家自己的钱，想借就借你，借你是情义；不想借就不借，不借是本分。你没资格怨恨别人。

但当时的他，心里充满怨与恨，以及更深切的屈辱感。

‹ 05 ›

高中时，他喜欢上一个女孩，想一辈子和她在一起，就省吃俭用，为女孩准备礼物。可是他每天的早餐钱只有一块五，连续省几天，也不过请人家吃个茶叶蛋。当竞争对手捧着大大的泰迪熊送给女孩时，他本能地退缩了。

绝望，崩溃。测试考试时，全年级800名学生，他考了750名。

幸好老师没有放弃他，于是他咬牙努力，后来居上，从750名追到600名，从600名追到300名，终成为年级第30名。

最终，他考入哈尔滨工业大学。

希望的灰烬重新燃烧。但当他走入校门后，才知道更可怕的打击正在前面等待着他。

‹ 06 ›

长时间的自苦自卑使他形成了退缩恐惧的性格。他不敢在生人面前说话，最害怕的是自我介绍。他也知道大学阶段是改变命运的关键时期，就强迫自己报名参加社团，参加学生会，还去兼职。

结果统统都被拒绝！

就这样沉寂到了大二。老师鼓励同学们勇敢地表达自己，并让他上台演讲。当时他吓惨了，拼命挣扎对抗，最终还是两腿绵软地被拖上去。那是他生平头一遭对人讲话，开始时吓得语无伦次，但慢慢地，就感觉自己放开了。他只知道自己当时越说越离谱，但究竟说了些什么，根本记不起来。

从此他陷入亢奋，认为自己还可以再抢救一下。

然后是更大的自卑感来袭，让他陷入更沉默、更恐惧的心态中。

大三时，他遇到了喜欢的女生，对方的家境比他好，但女孩不嫌弃他。

毕业后，两人盟誓：山无陵，江水竭，冬雷震震，夏雨雪，天地合，乃敢与君绝！两人也要不离不弃，一起考研究生。

然后，他就背弃了誓言。家里出事了，需要钱，他必须立即找工作，赚钱帮助家里。

工作之后，眼看着渐行渐远的女友，他又后悔了。这么好的姑娘，怎么可以任她离去？索性放弃不错的工作，继续考研究生吧。

人生一下子倒退了5年。他放弃了一份极有前程的工作，就算考上研究生，也未必能够再获得这样的好机会。更糟的是，他还没考上。

就这样一番瞎折腾，他沦落到了最不堪的地步。女友离开，父亲病重，自己饭也没的吃，买份炒饼还要赊账。

最终总算是考上研究生了，但人生好像也没什么希望了。从此自暴自弃，躲在寝室里打游戏、看美剧。

‹ 07 ›

就这样一天天沉沦，坐视生活如无底之渊，渐渐吞没他。

当所有希望彻底丧失时，他忽然坐起来，对自己说：反正已经死定了，要不咱们再抢救一下？

如何抢救呢？

反思自己一步步退缩，从拥有整个世界到退缩进斗室，就是因为自己心里充满了恐惧，不敢见人，不敢和人说话。但大二时自己也曾登台演讲，感觉自己并非无可救药。

要想改变现状，必须先行克服内心的恐惧，克服自卑意识。必须要打开心房，释放自己。

于是他强迫自己走出门，去找兼职。第一次找了家哈根达斯冰激凌店，但人家说：你见人不敢说话，只能去后台工作。

不去后台，非得跟人打交道不可。

又换了家手机店。这家手机店的人脑壳进水，安排他在门口喊"欢迎光临"。可是他喊不出来，不敢喊。

但最终，他硬着头皮喊出第一声。然后是第二声，然后越来越自如，越来越流利。然后是两个月后，他以兼职身份，拿下公司全北京10家门店的销售冠军。

他真的把自己抢救回来了。不过是破釜沉舟，向自己那不堪的性格发起挑战！

打开了憋屈的心，他的世界豁然开朗，从此他不再卑微，不再恐惧，雄心勃勃的，想要干番事业。

干点什么呢？

真要说到本事，自己好像就是个吃啥啥不剩，干啥啥不行的货。清点自己26年的人生路，打幼年时起，满脑子想的就是追女生，这辈子好像并不关心别的，就爱这一口。

要不，咱就干这个得了？他真的干起了这个，年入百万。

‹ 08 ›

这里说的这个年轻人，是"坏男孩"系列微信公众号的创建者——Teddy晓。

他创建公司，专门帮助那些缺乏勇气的男孩子鼓起勇气，向喜欢的女孩大声地喊出来：你过来，我有个恋爱想跟你谈一下。他成了一个对人有价值的人，也成就了自己。

他人生的前半段平淡无奇，不过是从野心勃勃到沉沦静寂的全过程。

许多人就是这样，成长时的认知残缺导致了性格上的障碍，此后这障碍如同陷阱，让整个人生慢慢地沉入其中，再也爬不出来。

不敢正视自我，逃避自我。怨亲戚无情，怨情人无义，怨社会冷漠，怨人生坎坷。一边嘟囔着一边后退，最终退无可退，把自己的人生活活憋死。

佛陀说：回头是岸。**改变自我，不过是一瞬间的事，就是立即行动，挑战自我人格上的残缺。**

众里寻他千百度，蓦然回首，你人生的希望就在灯火阑珊处。正如你在Teddy晓身上所看到的，那一瞬间的决绝使他迎来了人生的巨大转机。

Teddy晓所走过的路，其实也是所有成功者的历程。**没有谁一落地啼哭就是天然的成功者，每个人的成长都积累了无数的错误，都是向自我残缺发起挑战。重新改写记忆，形成新的认知，才能够唤醒自我，迎来生命转机。**

‹ 09 ›

你记得什么,你未来就拥有什么。

如果你的记忆中只有自卑自苦,只有自怨自艾,那你的前行之路必然愁云惨雾,暗黑无光。必须要做点什么,挑战自己,让自己的认知中多点新奇刺激的东西,你才能走出卑微的心理舒适区。

当你心智蜷缩,如寄居蟹般躲入狭小的心理舒适区时,就会软弱无力,把希望寄托在别人身上。这时候你会感受到世态炎凉,感受到人情冷漠。可实际上没人帮得了你,全世界都帮不了一个躲进自己心里的人,除非你自己走出来。

走出来吧!无论我们走出多远,仍然是在自己心里,不过是彼此的心理舒适区,大小有差别而已。所谓自卑,所谓可怜,都是些偏执的妄念。只是因为人类的思维充斥着过量的嘈杂信息,我们迷失在不准确的记忆中,因而生出匮乏感。这种匮乏感削弱了我们自身的能力,让我们日益不堪。救赎来自内心深处那一声微弱的呼唤:不甘心!所有成就事业的人,都是不甘心于命运的摆布,不甘心于永世的沉沦。

任何时候,当我们鼓起勇气,不再哭啼不止,而是站起来,转过身,向心理舒适区外边看过去,就会看到彩霞满天,花草绚丽;看到希望如火,熊熊燃烧悬垂于天边。走过去,那才是真正的自己,才是你生命的辉煌与灿烂。

改变人生的五个问题

< 01 >

有些朋友活得不快乐，美好的人生被他们弄成了困境。

困境，是内心的认知所造成的。因为他们对人生的理解出现了偏差，陷住了自己。

想要开心快乐，就得厘清认知。认知通透了，心明而静，再做起事来，就会做到点子上。这时的人生，就如驶出漩涡的小舟，随波而下，畅行千里。

我们要问自己五个问题，这五个问题实际上就是人生水道上的五个漩涡。有许多人一辈子迷陷在里边，滴溜溜地原地打转，止步不前。如果我们愿意把这五个问题想清楚，就有机会走出迷茫。

< 02 >

第一个问题：别人吃饱饭，你是不是就不饿了呢？

看到这个问题，你肯定会怒了：吃大餐的是别人，跟我有啥关系？别人吃得再饱，我也得吃自己的，看别人吃饭就以为自己会饱，这不是神经吗？

但偏偏有人就是这么神经！

网上有人说起一件事，有个孩子，学习成绩差，就想出国。父母都是老实巴交的工薪族，收入低微，可为了孩子，还是一狠心一咬牙，把家里的小平房卖了，送孩子出国。

去机场的路上，父母心事重重。以后连个住的地方都没有了，这日子还怎么过？正在发愁，满脸愤怒的儿子突然吼起来：都怪你俩，都怪你俩！你俩这辈子是怎么混的？你们当年怎么不参加红军？怎么不去长征？怎么不下海？摊上你们这样的穷父母，我真是倒了八辈子血霉！现在弄到要出个国，都没个国外的亲戚担保。你说像咱们这种穷人，出国又有什么用？还不是净遭罪？

当时那位父亲一下子醒过神来了，立即说：孩子，你说得太对了，像你这种人，不要说出国，就算上天也没用。那你就甭去了，咱们回家。

别呀……始料未及，儿子有点慌了。但是父亲已经拿了主意铁了心，立即叫出租车掉头往回开。

回去之后，父母两人就近租了间门脸房。父亲对儿子说：孩子，你记清楚一件事，爹妈没有对不起你的地方，对不起你的，是你自己。你心里只想着好吃懒做，只想着坐享其成。每个人的人生都是自己的，你自己不争气，再抱怨别人也没用。从现在起，爹妈和你桥归桥，路归路，你去抱怨你的，爹妈过爹妈的日子。每个人的饭碗都要自己端，这世上就没有靠别人的道理！

这个故事贴出来没两天，儿子是否幡然醒悟，从此发愤，不得而知。但这位父亲最后那段话，是极有道理的。

有些孩子，埋怨自己不是王思聪，怨恨亲爹不是王健林，却也不想想，如果你不是王思聪，就算给你八个王健林式的爹，你也只是混吃等死。如果你是王思聪，纵亲爹不是王健林，又何妨？

每个人的人生，都只属于自己！你的事业你奋斗，你的人生你负责！这世上从没有别人吃饱你不饿的事，也不会有别人奋斗你成功的道理。哪怕奋斗者是你亲爹，你也要找到自己的路，找到自己的人生意义。比如巴菲特赚钱赚到手软，他的儿子仍通过自我努力成为一名音乐家。一个人只有有了自己的人生事业，才能撑得住，立得稳。

自己的事业，犹如自己的饭碗，端得起，放得下，才能吃到肚皮肥圆。父母的成就其实和你没有丝毫关系，以为父母努力，自己就可以做个混吃等死的富二代，这是错误地解读了人生。没有事业、没有追求的人，人生就没有饭碗，只能靠狂吸父母的奶而残喘。如这般立不起之人，在这样一个险恶的世道，终究会失去所凭靠的一切。

没有能力获得，就没有能力拥有。

自己的上进与努力，才是自己人生的希望。

‹ 03 ›

第二个问题：你是不是很喜欢替别人的错误买单呢？

替别人的错误买单？这要多神经啊！

但这种人真的有。

有很多人在网上发泄愤怒，仔细看他们的帖子，所言所述，无非多么讨厌老师。有的人说数学老师偏心，喜欢学霸，讨厌学渣。学霸明明错了，老师非说他的错是无心的，因此打个对钩。学渣好不容易答对一道题，老师非说他是蒙的，因此不得分。此类事件逐日累积，就让学渣的心理阴影面积越来越大，终对数学恨之入骨。可纵然老师千错万错，跟数学又有什么关系？至于让你连孩子带脏水，一块儿泼出去吗？

正如蔡康永所说：学校烂，上课闷，你就从此拒绝学习和阅读，以示抗议吗？杀错方向啦！他们教学失败，那是他们搞砸他们的工作。你拒绝学习和阅读，你是在搞砸你的人生啊。这不是抗议，是自残，你抗议的对象无感，而你自己尝苦果。就像你连续吃到三家烂餐厅，难道你就从此绝食，以示抗议吗？

有的女孩，遇到个渣男，就哭哭啼啼，终日以泪洗面。有人遇到个坏老板，遭受到不公正的对待，从此就怀疑人生。还有人幼年有痛苦记忆，爹妈不懂教育，给他心里留下了阴影——诸如此类的事，都是别人的错误，就让他们自己付出代价好啦。我们有自己的人生！绝不容许他人之错毁弃我们的前路！

< 04 >

第三个问题：你在街道上丢了100元钱，你愿意花1000元甚至10,000元去把这100元找回来吗？

你可能又会说这个问题神经了。

但神经之人，不在少数。

有个网名叫文君的女孩，发微信倾诉她的痛苦。大学时期，有个小男生追她，她觉得这男孩好蠢萌，于是各种戏弄，还带着自己的室友，约男孩郊游，一路上肆意欺凌对方。可万万没想到，就在这次郊游之后，自己的室友竟然和男孩在一起了。

室友是个暴脾气，又贪慕虚荣，拿男孩当驴使，大学毕业不过5年，男孩就被折磨得憔悴不堪。为了满足室友买买买的剁手需求，男孩除了每天加班，还要在外边接许多私活。20来岁的年轻人，因过度劳累，突然重病倒下了。在男孩最需要照料的时候，室友取走他的银行卡，扬长而去。

文君说，这件事成为她心中最大、最让她痛苦的阴影，她觉得是自己毁了男孩。实际上自己当时是爱他的，可是年轻蠢萌不懂爱，等到明白了，一切都晚了。她觉得这都是自己的错，想再回到男孩身边，照料他。可这事怎么跟老公解释？又怎么跟孩子说明白？

看这个姑娘，都已经为人妻、为人母了，还在纠结大学时代的事呢！

有些人，为失去的机会痛心疾首，月白风清之夜，不停地长吁短叹。这些人距离过去太近，距离未来太远。他们为了找回丢失的100元，付出了更多人生。

‹ 05 ›

第四个问题：你会不会因为怕摔倒，就一辈子趴地上不动了？

有的人真的这样干了！

有多少人，如狐狸看着玻璃橱窗里的小母鸡一样，每天望着自己的未来流口水，想得到一切，想获得梦想的辉煌与荣耀。可他们就是不敢行动，害怕出了错，被人侮辱、嘲笑。

害怕失败，害怕颜面无光，因此不敢行动，不敢向着人生目标行进。可同时，他们又害怕别人嘲笑自己没有上进心，就每天自欺欺人，说人各有志，说自己只是个普通人，说平平淡淡才是真……他们其实就是些害怕摔跤，因而连路都不敢走的人！

< 06 >

第五个问题：不懂水性的人，有能力泅渡大西洋吗？

咦，这个问题好像能解决，弄根绳子拴他腰上，拖在游轮后面。只不过拖不出多远，这人就不再是活物了。

人生就如横渡大西洋、太平洋，我们不仅需要熟习水性，还必须准备好帆舟。闯过人生的一关又一关，我们需要太多的能力、太多的本事，无论我们所学多少，外界环境始终比我们更强大！所以赶紧行动起来吧，去学习自己这一生需要掌握的无数知识。**不仅要学习抽象的知识，学习知识在现实生活中的应用，还要学习如何与人相处，如何与人合作，如何通达人性，如何让思想转化为有价值的收获。**

没有人随随便便就能成功，你必须做足准备工作。

< 07 >

问过自己以上这五个的问题，人生就不那么神经了。

第一个问题：别人吃饱，你是不是就不饿了——你的人生，由你所做的事构成。**别人的事业成就不了你，成就自己的，永远是自己的努力。**

第二个问题：你是否愿意为别人的错误买单——**任何人都没有义**

务对你好，受伤害是成长中必然的。别人的错误归别人，千万不要因此毁弃人生。

第三个问题：你是否为昔日的错误痛悔不已——人生就是在试错前行，过去的归属过去，未来才属于自己。

第四个问题：你会不会因为怕摔倒而不敢走路——**失败只有一种，那就是因为害怕失败而放弃！**

第五个问题：你是否正在为自己的人生准备好足够多的技能——未来的挑战将空前严峻，必须要学习一生，方能成就自我。

人生最重要的是想明白，想明白了，一切就简单了。

‹ 08 ›

人生之路，并非平坦如砥。五个陷阱，横在我们面前：渴望坐享其成，因遭遇的不公而情绪化，泥陷于往昔而不知前行，恐惧失败而不敢行动，以及怠惰消沉，不抓紧时间学习。

之所以说是陷阱，是因为这五个问题构成一个能够自圆其说的思维圈，让我们沉迷其中，不知其谬。只有换个方式问一下，才知自己看似正常，其实很神经。

别发神经，别让荒谬的认知拖住我们前行的脚步。

幸福的人生，都是相似的；不幸福的人生，各有各的瞎折腾法。

幸福的人，活得简单，看得通透。不幸福的人，各自迷失在心理陷阱中，每日文过饰非，自欺欺人。由于过度偏离了自我本质，心里无时无刻不承受着巨大的压力，活得苦，活得累，徒然抱怨这个世界悲冷无情，却找不到回家的路。

其实只要用心想想，认知到自我心理中的荒谬，就能够走出迷雾，荡一叶轻舟，出千里迷津，回到简单明丽的现实世界。这时候的我们，无苦，无悲，无愁，无怨，只是想自己该想的，做自己该做的，得到自己希望的。一切的简单平实，不过就是正视自我内心，不过就是回归自己。

你的性格，就是你的命运

< 01 >

生于世，要学会看人，更要学会看自己。

如何看人、看自己，让自己于这混浊的世道间逍遥快乐、幸福无边呢？

两个办法：一是读史书，二是读人物传记。此二者可以将人物的生平高度浓缩，让你看到许多东西，学到更多东西。

但这两个办法太专业，而且耗时长。有没有时间短、见效快的办法呢？有有有——你可以看史诗级的电视剧。

好多年前，有部国产电视剧——《大宅门》。这部剧取材于现实，讲的是一个医药世家从晚清到民国，四代人长达百年的兴衰沉浮史。

整部剧中，最有意思的莫过于这四代人不同的性格，以及他们的性格所带来的必然结果。

< 02 >

　　第一代人，一位长胡子老爷爷，不知道他是吃什么东西长大的，又曾接受过何种教育，总之他一出场就掌控着一个医药家族，富可敌国，傲比王侯。所以这位老爷爷跋扈专横，霸气冲天，谁敢惹他，他就让谁吃不了兜着走。

　　王府的大格格病了，请这家人的二儿子去看病。二儿子诊出是喜脉，大格格肚子里有小宝宝了。

　　万万没想到啊，人家大格格还没嫁人，怎么可能有孕？王府的人震怒之下，认为二儿子浪得虚名，当场砸了他的车，杀了他的马。

　　于是老爷爷登王府的门，替二儿子请罪，然后给大格格诊脉。嘿，他发现大格格千真万确有了身孕。这位老爷爷就乐了，心想，你王府有权就了不起啊？就可以瞧不起我们这些"科研人员"啊？

　　你敢招惹我，我就玩死你。

　　于是老爷爷就假称大格格不是怀孕，但开的药方，一水儿的安胎药。不久大格格生下一对双胞胎，让措手不及的王府顿时鸡飞狗跳。

　　老爷爷报了仇，好开心。

　　遭此奇耻大辱，王府怒了，要报复。

< 03 >

　　王府密布罗网，罗织罪名，把老爷爷的大儿子打入天牢。

　　老爷爷大怒，誓与王府周旋到底。这时候，剧中的女主角，老爷爷的二儿媳妇苦苦相劝：咱们家是行医制药的，不宜肝火太大，应该寻求与仇家和解，退一步海阔天空。

老爷爷怒斥儿媳：我进一步多难啊，凭什么退？

老爷爷坚决不肯退，还托关系向慈禧太后递了奏折，说自己好委屈。

慈禧见到老爷爷的奏折，当即传旨：封其药铺，斩其子！

让你较真，让你跟权力斗！让你赌气，让你任性，权力比你更赌气、更任性！

闻知消息，老爷爷哐当一声，就趴地上了。

老爷爷崩溃了，才知道自己在家里蛮横霸道、认死理，拿到门外，人家是不认的。

‹ 04 ›

家族第一任领导人黯然谢幕，把治家的权力移交给了二儿媳妇。

为什么交给二儿媳妇，却不交给二儿子？因为二儿子是个"窝囊废"。

由于上代人太过专横霸道，蛮不讲理，严重压制了下代人的成长空间，老大是个遇事忍让的性子，老二是个遇事退缩的性格。

其实二儿子也非平凡之辈，酷爱书法艺术，又是制药高手，唯独有人际交往障碍，最害怕与人争执。

老二遇事，就是个忍。自己被人欺负了，忍！家族被人踩蹋了，忍！大哥蒙冤入狱，忍！官府查封了自家药铺，忍！自己媳妇治家，被无数人欺负，甚至指着鼻子骂，忍！哪怕有人当面抽他媳妇耳光，他也绝对不吭一声，忍！

之所以忍，只因为心里怕。他害怕所有人，害怕所有事，恨不得挖个洞钻进去躲起来。

因为怕，所以遇事特别紧张。一紧张、一恐惧，脑子就乱，明明自己占理，脑子却乱成一团，一句话也说不出来，为息事宁人，只能忍。

二儿子就这么躲着，忍着。躲了一辈子，忍了一辈子。到后来家里被人欺负得不成样子，他再不出来说句话，实在不行了。所以他怒吼一声，冲出门外，然后摔了个大跟头，把自己摔死了。

他实际上是吓死的！如果他不摔死自己，就要上前和人理论。比起站出来说句话，他宁肯选择死！

‹ 05 ›

风水轮流转，性格也循环。

由于第二代人窝囊，给第三代人腾出了生长空间，导致第三代人又是个无法无天的主儿。

大宅门里的第三代，是剧中的男主角。这货生下来就是个熊孩子，刚出娘胎时，笑而不哭。刚出生的婴儿必须要哭，哭了才能学会喘气，所以家人打他屁股，想让他哭。可大巴掌抽上去，他笑得像花一样灿烂。

这不是孩子，是个熊孩子！

这孩子落地就熊，天不怕，地不怕。嚣闹学堂，殴打老师，上房揭瓦，下地纵火，没他不敢干的事。

这孩子还早恋，小小年纪就逮到家族血仇，前面说过的王府大格格生的女儿，跟人家谈情说爱，等家人发现这事，大格格的女儿都有身孕了。

母亲为了教育他，苦口婆心，说了没用，就用棍棒抽打，却打不过他——任何教育方法落到他身上，就一个字：熊！

没人管得了他，他也不听任何人的话。最后实在没办法了，母亲只好忍泪宣布：这不是我儿子，是个王八蛋！

你走，不要再让我看到你！

赶出家门。

‹ 06 ›

大宅门里的第三代人被逐出家门。

他去了济南。

到了济南后，他突然"洗心革面"，重新做熊孩子。真的是重新做熊孩子，他用了气死人的怪办法，于济南白手起家，徒手创业，迅速赚了比大宅门世家还要多的钱。

所有人都惊了。大宅门里，那么多老实孩子、乖孩子，却只有蹲饭桌前死吃的本事，都只是吃货。为什么偏偏是这个熊孩子成就了事业呢？

答案在第四代人身上。

‹ 07 ›

大宅门里的第一代人，胆大包天，跟权力死磕，结果死于权力之手。

第二代人，窝囊而死。

第三代人，性格随了第一代，却学会了与权力媾和，因而再创家业。

但大宅门里的第四代人，回归第二代的窝囊性格，而且连第二代都不如。第二代人虽然窝囊，但好歹有点艺术天资，擅长书法，更精于制药，算是个性格沉闷的专业技术人员。而第四代人，却是个专业祸害人员。

第四代人满心恐惧，却又不走正道。作为第三代人的父亲为了磨砺他，让他跟家族企业的高管去采购药材。结果这孩子出门就进了赌场，进门就输掉了12万两银子，而他亲爹当年在济南创业，是空手套来3000两银子，成就偌大家业。这孩子祸害的手笔之大，让第三代的亲爹当场就崩溃了。

亲爹决定采取点有效的教育方法——打断儿子的腿。

第四代的儿子腿被打断，成了残疾人士，但仍无丝毫悔改之意。

直到这部剧结束，第三代的父亲才醒过神来，要想教育好儿子，只能采取母亲对待自己的办法——赶出门去，让他独立，让他成长！

要成长，就必须断奶！

‹ 08 ›

回顾大宅门里的四代人，你会发现一个奇怪的东西：教育生态学。

教育生态学，是说一个孩子的成长不是孤立的，其性格是与环境互动而形成的。比如大宅门里的第二代人，因为父亲专横霸道，压制了他的生存空间，导致他沦为窝囊废。而第二代人因为窝囊，又给了第三代人无限的成长空间，使第三代人最终成就事业。可第三代人太优秀，又压制了第四代人。

没有完美的教育，只有度的把握。但天下爹娘，连自己的度都把握不好，更遑论把握与下一代博弈的度了。所以这世上的孩子，只能于残缺中成长。爸妈管严了，就懦弱到骨子里；爸妈管松了，就无法无天，一熊到底。

所有人，终其一生的努力，不过是修复自我人格中的残缺，不过是把握两个东西：恐惧度与事理常识。

人不能为恐惧所慑服，更不能不存敬畏之心。大宅门里的第一代人缺失敬畏，结果毁了整个家业。第二代人和第四代人则是恐惧过头，丧失了基本生存能力，因而无法成事。

唯有第三代人，他有第一代人的天不怕地不怕精神，又未失对他人的尊敬，所以他的恐惧度适中。此外最重要的是，他还有着基本的事理常识，知道做事的法则，也知道谋事的规律，所以他能够成就事业。

‹ 09 ›

一个人内心的恐惧度，与他的成事能力直线相关。

太恐惧的人，智力被压抑，丧失了对人情世态的观察能力。这类人或是故意把做事想得特简单，认为别人都是趋炎附势、巧取豪夺，自己满腔正义，却连饭也没的吃，因而委屈得要死；或是骗自己说做事太艰难，自己就是个蠢材吃货，心安理得地于恐惧中混吃等死。

太胆肥的人，无法无天，却失去对基本规则的敬畏，往往如愤怒的螳螂，见到疾奔的车子就冲上前，举起螳臂拦车，结果是被车子碾得粉碎。

所以这做人呢，**第一要知道点教育生态学，知道这世上根本没有**

完美的教育，只有成长过程中见招拆招的博弈。良好的家境可能使人长成废材，差劲的家庭也会飞出金凤凰。

第二要知道凡事有度，胆子太小，会成为窝囊废，窝囊死也没人同情。胆子太肥，又会不知进退，轻则误人生，重则要人命。要无忧无惧，时刻存有敬畏之心。不恐惧人际交往，敬重每个人的努力与成就。只有尊重人家的努力，我们自己才会努力。只有尊重人家的成就，我们的人生才有可能取得成就。

第三要懂点成事道理。我们谋事，不是躲进地洞里自嗨，所有的事业都是一个社会博弈过程。一如人生的成长，为父母者，不可失平和；为子女者，不可少了娴静。那些恐惧的人，虽然会给我们释放出更大的生存空间，却让我们忘乎所以，失了分寸。强硬之人，虽然会压制我们，却让我们得窥人性悲凉。

强大者往往能从自身的命运中跳出来，观察自身所处的环境，以及自己的个性。胆子太小，就激发自己的勇气；胆子太肥，就培养自己尊重别人的敬畏心。只有当我们有勇气、存敬畏时，才会恰到好处地分析判断事物的规律，才能够于人性的艰涩中缓步前行。积日成年，聚沙成塔，终有一日会迎来自己的生命之树开花结果，香满人间。

如何成为一个快乐而简单的人

< 01 >

简单，是人类追求的至高境界。

越有智慧的人，越是简单，越是如孩童一样天真快乐。

远离智慧的人，也简单，只不过这种简单给当事人带来的是不爽与痛苦。

这两种简单，有何区别呢？

< 02 >

有部老电视剧，叫《天道》，讲的就是有智慧的简单与缺乏智慧的简单迎面撞车的事。

《天道》的故事是这样的，一个资本大佬，因为内心纠结，隐居于一座小城。当地乡民立即发现这人有料，就故意堵住他吵架。目的是不打不相识，先吵一架，然后赔礼，建立深层关系，最后央求大佬帮大家指条明路，走出困境。

大佬心知肚明，但不为所动。

后来大佬的女友出面，说服了大佬帮对方。后来成立了公司，三个乡民都成了股东。但是大佬说，这三个人其实最惨，他们如在井底，根本看不到花花世界，可现在你让他们爬到井口，看到了世界的美丽，等他们再跌回去时，会活活憋屈死。

果然，随着大佬的操纵，新成立的公司乱搞一气，引来了行业巨头的诉讼。官司上门，三个乡民股东顿时崩溃，吓得脸白白，并且哭闹起来，要求退股。

那就退吧。三个乡民出局之后，才发现自己上套了。

‹ 03 ›

话说业内巨头起诉之后，坐下来研究案子，顿时傻眼了：这不对呀，这官司明摆着咱们会输啊，甚至连整个公司都会赔进去！

然后巨头困惑了：既然如此，对方的三个股东为什么要在稳操胜券的前提下哭闹退股呢？

百思不得其解！

最后是巨头律师团醒过神来了：明白了，对方退股的三个股东都是乡民，他们接受的都是简单教育，形成了三个简单认知。

他们相信事实胜于雄辩，这是第一个简单。

他们相信疑罪从有，这是第二个简单。

他们相信有个青天大老爷明察秋毫，这是第三个简单。

黄河三尺鲤，本在孟津居，点额不成龙，归来伴凡鱼。正是这三个简单的认知，让他们站在财富城堡门前，却又叹口气，掉头跳回到认知的深井里。井下虽狭小、污秽肮脏，但那是他们简单的头脑唯一能够理解的天地。

⟨ 04 ⟩

先来说事实胜于雄辩——你真的知道，什么叫事实吗？

自然界不说，单说人类社会，人性的不确定，导致了与人相关的现实也是不确定的。

事实，有客观事实和主观事实。事实是客观存在的，但人类只能以主观的方式观察表达，这就形成了主观事实。

说一下客观事实与主观事实的区别。

有位叫顾猷的朋友，最近讲了个故事。他年少时，和小伙伴出门去买西瓜。刚出门，碰到一位大爷，手捧西瓜一个，问：小朋友，要不要买西瓜呀？要买的话，就买我这个吧。我卖的西瓜，只剩这一个了，你们买下，我就可以回家了。

少年顾猷顿发善心，把这个西瓜买下了。

买下之后，觉得还不够，就抱着这个瓜，来到一个西瓜摊前，挑挑拣拣，过秤交钱，买了第二个。

抱着两个瓜要走，人家卖瓜的不干了：哎哎哎，我说小朋友，你出门时，爹妈没告诉你什么叫要脸吗？你买了一个瓜，却捧两个走，还要脸不？

不是……少年顾猷蒙了：这个瓜不是你的，是我刚刚从一个老大爷那里买来的。

卖瓜人：开玩笑，这哪有什么老大爷，就我一家卖瓜的。

不是……少年顾猷急忙回头，可天地茫茫，过客匆匆，潮起又潮落，卖第一个瓜给他的老大爷早就回家了。

卖瓜的乐了：好啦孩子，把我的瓜放下吧，非要抱走也可以，交钱就行。

不是……那啥……顾猷发现，他真的说不清了。

没错，他是事先在老大爷手中买了一个瓜，这是客观事实——至少是他理解的客观事实。

可卖瓜人没看到这个事实，卖瓜人看到的是这熊孩子买了一个瓜，却想抱两个瓜走——这是卖瓜人亲眼所见的客观事实，但顾猷认为，这只是卖瓜人的主观认知。

瓜田不纳履，李下不正冠——明明是自己的瓜，被强行夺走，还落了个贼名！

⟨ 05 ⟩

如顾猷买瓜这类事情，好多人都曾遇到过。

甚至连法律都无力说清哪个主观事实更靠谱。所以呢，在诸多主观事实之间，又有一个法律事实。

电视剧《天道》中，隐居大佬恶意挑起争端，是因为他在布局，混淆三类不同的事实，引诱行业巨头进行诉讼，而后利用法律事实欺负死对方。三个可怜的乡民股东头脑简单，打死也想不到，打官司不是看谁有理，而是看谁在法律事实上更占优势。所以，他们被玩惨了。

明白人讲道理，只讲法律事实。糊涂人却死咬着自己认可的主观事实，所以糊涂人活得痛苦而委屈，明明是事实，别人偏不承认，这世界怎么了？

06

再说糊涂人的第二个认知，疑罪从有。

为什么糊涂人会认可疑罪从有呢？因为糊涂人需要一个确定的认知，有是一种确定，让人心安；而不确定，会让原本就糊涂的脑子抓狂。

讲个疑罪从有的故事。

有家公司有个女白领，不好好工作，所以严厉的男主管不断地训斥她，有意撵她走人。

女白领怒了，于是化了个精致的妆容，又穿了件薄透露的衣衫，上班时间敲门，进入男主管办公室，汇报了几件工作。出门时，她突然把自己的头发弄乱，把衣襟撕裂，露出半个胸脯，重重撞开门，然后掩面挥泪，发足狂奔。

霎时间，整个公司的人都惊呆了。

那个谁，色狼男主管，你把人家姑娘咋的了？

有好事者，急忙追上女白领，详问刚才发生了什么事。妙就妙在女白领一言不发，只是掩面垂泪。

这就不用问了，铁定是色狼男主管欺负人家了。

等男主管发现外边事情不对，根本无从解释。老板是明白人，懂得这种事要走疑罪从无的路子，但心里的芥蒂已经存下，男主管在这家公司的前程就算到头了。

《天道》中的大佬，采用的是与这个女白领类似的招数，明明是自己"非礼"人家，却营造出被行业巨头"非礼"的假象。可三个乡民哪想到这么多？他们以为自己知道的，别人也知道，透明人的错觉让他们陷入恐惧。

〈 07 〉

糊涂人的第三个错误认知,是总以为这世上能有个说理的地方。

真的没有!

烧伤超人阿宝最近讲了个故事,说有个女教授,托关系找门路,入医院开刀。主刀的是一位名家医师。怕名医不尽心,女教授的老公送了医师5000元红包。

名医不差这点小钱,又把钱退给了女教授。但聪明的女教授悄悄地把钱揣起来,没告诉老公。大概她是想买买买,剁手快乐吧。

而女教授的老公是人大代表,无端给人家5000元红包,他不甘心。于是他在人大会议上发飙,指控名医不是东西,明明有病也不让人家住院,5000元红包到手,立即态度大变,床位也有了,也给主刀了。这可是在人大会议上的发言,名医被推到了风口浪尖。

有司查证此事,查到了收回钱悄悄藏起来的女教授身上。还钱时是有证人在场的,所以女教授无法否认,但她说:我老公发言,是针对收红包的社会现象,又不是针对具体的人。何况你没收红包,就敢打包票说别的医生也没收红包?再说你们收下了我们的水果,这可没冤枉你们吧?

最后的结果是,院方为平息舆论,勒令名医写检查,认真反省。

你看看,事情明明查清楚了,你却说不清。名医明明被冤枉了,最后还要写检查,这还讲不讲理?

〈 08 〉

其实这世界是很简单的。认清事实的不简单,就会简单到不能再简单。

但如果你不知道这世界的复杂,不知道事实还可以有各种版本,那你就难免要遭遇人性的滑铁卢,难免在人性上走麦城。

电视剧《天道》中,三个出局的乡民中最精明的那个,说什么也接受不了这些,悲愤地爬上高楼,扑通一声跳楼了——跳楼是一个隐喻,昭示着旧我的死亡与新我的诞生。正如剧中的台词:当你不知道你时,你才是你。但当你认识自己、知道自己时,就明悟了成长的智慧,开始逐步改变自己。变得越来越聪明,越来越睿智,越来越简单,最终与这个简单的世界合拍。

〈 09 〉

不是你简单,世界就简单。只有当你深刻理解了世界的复杂性,世界才简单。理解世界的前提,是认识自我。

认识自我,认识到自己所认为的事实都是主观的,也认识到有些人能够理解这些,有些人暂时不能。对于能够理解的人,以之为师为友,可以学到更多东西。对于暂时不能理解的人,同样以之为师为友,他们虽然理解不了这个,但也有着让你无法理解的优势与特长。

小学的算术题在幼儿园的小朋友眼里天书般不易懂,在中学生眼里,却简单到了不能再简单。**想要做个简单的人,享受简单的快乐,你必须要懂得认知升级,不断地认识自我,提升自我。**你每优秀一点点,世界都会简单一点点。最简单的人生,莫过于走近智慧,打通人性。

当你认识到世界表述性的主观,才会最近距离地靠向客观。正如电视剧《天道》所言,**智慧的本质,说透了就是实事求是**,但这简单到不能再简单的四个字,承载着巨大的求索与付出。路漫漫其修远兮,最重要的是开始,每前行一步,认知清晰一点,充盈于心中的快乐就多一点。当你行走至无人之地,回首来路,唯见人性的暮色苍茫,才知道慈悲的要义,不过是对卑微生命最深情的爱。

愿你自己成为太阳，无须凭借谁的光

‹ 01 ›

500多年前，阳明先生说：人皆可以为尧舜。意思是说：每个人，无论高矮胖瘦，无论粗短细长，都有着超凡的天质，都会成就伟大的事业。

话是这么说，理儿是这么个理儿，但现实中，我们时时刻刻所感受的，是最真切的无能为力。真的想努力成就自己，可到头来，欲渡黄河冰塞川，将登太行雪满山，分明是环境比人强。

所有的努力，终被外界环境所消减。能够维持现状，已经算不错了。

是阳明先生信口胡柴，还是我们的人生方法论出了什么问题？

想要知道答案，先听个故事。

⟨ 02 ⟩

有座小镇,烈日炎炎下,半死不活,街道上空无一人。所有居民都躲在家里长吁短叹,他们都欠了别人的钱,却没办法偿还。

忽然有一天,来了个游客。

游客走进旅馆,啪的一声把1000块钱拍到柜台上:老板,哥是有钱人,来这里看看你们穷成什么模样,也好开心开心。这1000块钱是预付的房费,等我上楼瞧瞧,找间舒适房间。

游客上楼了,旅馆老板抓起这1000块钱飞奔出来,跑到隔壁王屠户家:隔壁老王,这是我欠你的1000块钱,还你!

屠户拿到钱,立即冲出门,跑到猪农家里:猪头,这是我欠你的1000块钱,以后少给老子甩脸子看!

猪农拿到钱,立即奔赴饲料商家:喂,不就是欠了你1000块的饲料钱吗,现在还你,以后记得进点好饲料,我家猪娃饿惨了。

饲料商拿到钱,立即去找批发商:这是欠你的货款,一次性还清。下次进货能不能便宜点?

批发商拿到钱,溜达回旅馆:老板在吗?上次住你这儿,好像欠了1000块钱房费吧?现在给你还上。

旅馆老板拿起钱来:咦,这钱好面熟啊,好像刚才见过。忽听客人下楼的脚步声,急忙把钱摆在柜台上,以免客人起疑。

客人下楼来:哎呀妈,你这家旅馆太差劲了,根本找不到能住人的房间。算了,我不在你这里住了,把钱退给我!

客人揣起钱来走了。

这一天,没什么大事发生,没人生产出什么东西,也没人得到什么东西,可小镇上所有的居民都露出了笑脸,恢复了生活的信心。

因为压在心头的债务,已经还清了。

‹ 03 ›

上面这个故事，是个经济学模型。

问渠哪得清如许，为有源头活水来。这个故事讲的是流水不腐，户枢不蠹。金钱与财富的流动，会使社会资源不断地重新配置，创造出价值。

但这只是模型，而现实却复杂得多。

第一个复杂，是现实中人们的债务，不是如故事中这般的标配。三角债或多方债务确属常见，但不可能每个人都欠别人同样数额的钱。有人会欠多些，有人会欠少些，还有人成为大债主。

第二个复杂，是现实中的人不会那么乖。设若现实中真有这么一座小镇，旅馆老板未必会把钱还给隔壁老王。就算老板这样做，隔壁老王也不一定会立即还给猪农。现实中总会有些怪人，拿到钱后不急于偿还债主，而是先享受人生，这条经济循环线在他这里被生生掐断，故事就讲不下去了。

人家阳明先生明明说过了，每个人都能成就伟大事业，为什么这句话到咱们这里，就不灵光了？

就因为我们把自己的事业循环线给掐断了。

‹ 04 ›

人类大脑，是天然短线的。比如小孩子，看到好吃的就奔过去。这就是短线思维。

但人生事业，是漫长而不确定的。

比如有个客栈老板，捡到了客人丢的钱包，费尽周折地找到失主，失主非但不领情、不感谢，反而怀疑老板偷了自己的钱。

老板好郁闷，哭诉好人没好报。但此事传开，客人纷至沓来。原因是出门在外，谁都可能丢三落四，入住这里就是看中了老板憨厚的人品。万一自己的钱包丢了，还指望老板帮自己找回来。

这就叫不确定性。

短线思维的人，喜欢确定性，他们宁肯坐视机会流逝，也不做没有把握的事。

< 05 >

我们每个人，打生下来就活在一个确定性的经济循环圈内。

婴幼儿时期，父母无条件地爱我们，照料我们，一把屎一把尿地喂……不对，总之吧，辛辛苦苦地把我们拉扯大。

父母负责辛苦，婴幼儿的我们负责卖萌。只要我们咯咯一乐，父母立即眉开眼笑，抱着我们不停地亲吻、喂奶，给予我们充足的爱。

婴幼儿时期，我们与父母的互动是确定的，是即时回报式的。

确定性的即时回报，使我们形成了根深蒂固的短线思维。

当我们年龄稍长，虽然仍在卖萌，但回报周期突然变得漫长起来，而且变得不确定了。

比如读书学习，回报周期至少是十几年，更有价值的回报可能要在几十年后。还有些可怜兄弟，读了一大圈书，硬是没获得什么回报。

规则变了，却没人跟我们说一声。许多人顿时变得不适应起来。

‹ 06 ›

40年前,一个4岁的小女孩卡罗琳,和一群同龄小朋友被带到斯坦福大学的一间心理学实验室。

实验人员让小朋友们坐下,端上来一盘美味的棉花糖。顿时,小朋友们个个口水直流,急切地想吃。

但是实验人员说:小朋友们,我知道你们特想吃到棉花糖。今天的棉花糖有两种吃法,一种是现在就吃,但只能吃到一块棉花糖。另一种吃法是等一等,等到我们规定的时间,就可以吃到两块棉花糖啦。你们想要哪一种吃法?

多数小朋友和卡罗琳一样选择了等一等,要吃两块棉花糖。但等待的过程太痛苦,小朋友们抓耳挠腮,坐立不宁。最终这些小朋友放弃了,选择立即吃到棉花糖,哪怕只有一块也好。

只有卡罗琳不为所动,她抵制住了诱惑,最终吃到了两块棉花糖。

40年后,卡罗琳从斯坦福大学毕业,又获得了普林斯顿大学社会心理学博士学位,返回头来追踪当年参加实验的小伙伴。

结果发现,当年最缺乏耐心的小朋友此后在学业与事业上面临着巨大的障碍。他们是学校里的差生、事业上的失败者,甚至连婚姻都充满了冲突与危机。

他们仍然渴求即时回报,无法理解周期漫长的事物。

然而人生事业,偏偏是一个长线的怪东西。

< 07 >

为什么人生事业，回报周期会很漫长呢？

因为不确定性！

在父母面前，我们只要卖个萌，就会立即获得回报。那是因为父母在我们身上倾注了太多的爱，确定我们是值得爱的，始终无条件地信任我们。

然而，如果我们在大街上向行人卖萌，多半立即会被扭送疯人院。因为别人不了解我们，也没兴趣了解，我们必须花费很长的时间建立起确定性，才能赢得他人的信任。

< 08 >

回到文章开头的故事。

如果那座死气沉沉的小镇大到是一个国家，那么我们看到的就是媒体上经常说的中等收入陷阱，就是国家好端端地发展着，却不知为何活力越来越弱，流通性越来越差，最后累积了无数资源，却沦为半死不活的穷国。

如果那座死气沉沉的小镇小到是一个人，那么我们看到的就是自己，我们所学所知超过古时最有智慧的人，却不明缘由地被一种无力感所控制。有心做事，首先想到的是障碍。想行动，先想到的是风险。最终长叹一声，一切维持原状。

我们陷入了自己的发展中陷阱！

只是因为我们的心智模式仍然是短线、即时回报式的，而现实的不确定性让我们无法行动。必须要把自己的心智调整为长线模式，以适应不确定的世界，建立起一个良性的经济循环圈。

‹ 09 ›

你不懂我，我不怪你，但我不开心。

我们渴望着别人的信任，并对他人的不信任表示出十二万分的愤怒。

可是我们信任别人吗？我们看一个人是否真心，短一点要三五个月，略长点要三五年，甚至要用一辈子。

我们知道别人是不确定的，以长线思维、慢回报的方式看别人，却不接受自己的不确定，要求别人以短线思维、快回报的方式对待我们。

我们是不是太难为这个世界了呢？

人皆可以为尧舜，我们却做不到。那是因为我们的心如一座死气沉沉的小镇，虽有无数优势资源，却尽皆沦为闲置资产。任凭灰败的思绪掠过，我们就沦为一座死镇。期待激情与动感到来，纵不留痕，也会激活我们全新的生命。

君子务本，本立而道生。人生事业循环圈的建立，犹如一株参天之树的生长，必须从现在开始，先挖坑，埋下志向的种子。而后不断地学习、做事，这只是一个浇水的过程，优秀的你正如幼苗一样慢慢萌芽、生长，而不会获得任何回报。再之后，你的事业之树慢慢长高，高于那些急功近利的小草，这时候才会有人注意到你，感觉你这孩子还行——但也只是还行而已，因为你的事业仍未成熟。

此后你的事业继续行进，渐至开花时节。你的事业已经有了眉目，人们对你的观感渐由不屑转向赞赏，但仍然不会把钱给你！等到你花开繁盛、飘香结果之时，你就成熟了。此时你能够向这个世界呈献专属于你的创造，你需要世界，而世界更需要你。这时候，你经过漫长的付出，终于获得了源源不断的回报。总有一天你会发现，之所以行动能力不足，是因为你**短线式、快回报、确定性的幼年心智，与成人世界的长线式、慢回报、不确定性的法则不合节拍**。聪明的人会应时而变，智慧的人会调整内心。唯愿你成为光华四射的太阳，无须凭借谁的光，带给你所爱的世界爱与温暖。

接受自己的平凡，才会成就非凡事业

‹ 01 ›

我们一生努力，不过是为了做个平凡的人。

《道德经》中说：是以圣人终不为大，故能成其大。接受自己的平凡，才会成就非凡的事业。

欧洲时报网曾讲了个湮没于历史中的平凡人的不平凡故事。

故事的配角叫贺拉斯·卡朋蒂埃，1824年生于美国。

他16岁时，中国正遭遇第一次鸦片战争。清帝国被列强打惨了，国际声望低到不能再低。

但卡朋蒂埃顾不上这闲事，他是个学霸，考取了哥伦比亚大学。毕业后正赶上美国西部大淘金，不过卡朋蒂埃没有加入淘金潮，而是于荒原兴建了一座城市，这座城市就是奥克兰。

兴建了奥克兰后，卡朋蒂埃封自己为市长，又因为时常带童子军野营操练，他要求大家管自己叫将军。

卡朋蒂埃的事业高开高走，蒸蒸日上。但中国的国际地位日益不堪，美国甚至公开搞起排华法案，无视中国人的权益。

国际地位低，导致国人极悲惨。就有一批中国人，当时被称为猪仔，被当作奴隶卖到了美国。上船时是批发价，到了美国，就走零售渠道了。

既然中国人便宜，卡朋蒂埃将军就去市场上雇用了一批。

其中有个奴工，明显跟别人不太一样，引起了卡朋蒂埃将军的注意。

这个奴工，名叫丁龙。

< 02 >

卡朋蒂埃发现，奴工丁龙读过书，会写字，而且说话有板有眼，所言皆有出处。

是什么出处呢？卡朋蒂埃很好奇，就询问丁龙。

丁龙回答：此乃孔圣人的教诲。

嘿，你都成奴工了，还圣人教诲呢。圣人没教诲你怎么做个好奴工吗？

卡朋蒂埃觉得这事有意思，就有意把一些事情交给丁龙去做。每件事，丁龙都做得稳稳当当，挑不出毛病来。

就这样，丁龙在卡朋蒂埃身边工作，越来越受信任。没多久，他就成了卡朋蒂埃的私人仆人，专职给卡朋蒂埃做饭，以及打理日常事务。

但丁龙再努力，也终究是居于人下。卡朋蒂埃既然是主人，当然就有点小脾气。

有一天，卡朋蒂埃发了脾气：滚，都给我滚，你们统统给老子滚蛋！

火气上来,他把所有的用人都解雇了。

解雇之后,卡朋蒂埃神清气爽,上床睡觉。一觉起来,听到肚子咕咕叫,才意识到自己做错了事。

糟糕,把丁龙撵走了,今天没人做饭,要饿肚子了。

正在懊恼,卧房门突然被打开,丁龙一如既往地端着餐盘站在门口。

当时卡朋蒂埃就震惊了:你你你……**你没有走**?

丁龙严肃地回答:我原谅你了,虽然你控制不住自己的脾气,但你并不是坏人。圣人曾经说:受人之托,**终人之事**。做人呢,一定要**爱惜**自己的名誉。

卡朋蒂埃彻底被打败了,说:在我有幸所遇的出身寒微,却生性高贵的天生绅士性格的人中,如果真有那种天性善良,从不伤害别人的人,丁龙,你就是一个!

你改变了我!你改变了我的性情,改变了我的世界观。

‹ 03 ›

从此卡朋蒂埃不再视丁龙为奴工,而是视其为师友。他从丁龙身上学到了许多可贵的品质,彻底消除了对中国人的成见。

过了一段时间,丁龙向卡朋蒂埃辞行:我要退休了,请允许我离开。

离开也可以,卡朋蒂埃说,但你必须先答应我一个条件。

丁龙:请讲。

卡朋蒂埃:为了表达我对中国人优良品质的尊重,请你务必允许我为你做一件事。任何事都行,只要你说出来,我一定做到。

丁龙：这不可以。子曾经曰……

卡朋蒂埃：少来，甭管你家的孔子曰没曰过，你不答应我，我就不放你走。

丁龙：真的不可以……

卡朋蒂埃：必须要可以！

丁龙：那好吧。子曾经曰：老板赐，不敢辞。我真的有一个要求……

等丁龙把他的要求说出来，卡朋蒂埃就傻眼了。

中国人丁龙，不是要求卡朋蒂埃给一笔丰厚的养老金，而是要求卡朋蒂埃帮他把自己的血汗钱捐献给一所有名的美国大学。请这所大学设立一个汉学系，专门来研究他祖国的文化。

鸦片战争结束不久，积贫积弱的中国根本没有任何国际地位，而且美国正公开排华。丁龙却提出这种要求，根本没可能。

然而，正是在这样的残酷环境下，丁龙才会提出这样的要求！

作为一个中国人，正应该在这时候站出来。

‹ 04 ›

丁龙的要求难死了卡朋蒂埃。

想来想去，他把丁龙交给他的1.2万美元全部寄给了自己的母校——哥伦比亚大学，并附上丁龙的亲笔信，希望母校看在自己当年是学霸，现在是名流的分儿上，给丁龙一个机会。

哥伦比亚大学的回复是：去死！门儿都没有！

卡朋蒂埃急了，他把自己所有的积蓄，整整50万美元，全部寄给了哥伦比亚大学的校长，并写信大打悲情牌：50多年来，我是从喝威士忌和抽烟草的花销里一点一点省出钱来的。这笔钱随信附上，我以诚挚之心，献给您筹建一个研究中国语言、文学、宗教和法律的系，并请您以"丁龙汉学讲座"为之命名。

哥伦比亚大学校长收到这么多一笔钱，心花怒放，说：可以考虑。不过……不过这个丁龙是谁呀？我以前怎么从未听说过？别是你在神话书里看来的吧？要不，咱们换个人如何？对了，清帝国的李鸿章大名鼎鼎，咱们就把它命名为"李鸿章汉学讲座"如何？

别价，卡朋蒂埃大急：丁龙不是神话，是个真实的人。他是正直、温和、勇敢、友善，遵从于儒家之道的伟大平凡者。

哥伦比亚大学校长失笑：平凡者怎么可能伟大呢？不行不行，钱我们收下，还是换个人名吧。

不可以换，必须要用丁龙的名字！

双方你来我往，不停地写信争辩。哥伦比亚大学坚决不肯用丁龙的名字，卡朋蒂埃发了狠，你不用丁龙的名字，这事咱们就没个完！

双方争论到了1900年，逢庚子国难，八国联军攻入北京城，慈禧太后脚不沾地地逃往西安，中国再次被打惨。看起来丁龙这边更不可能有戏了。但是，哥伦比亚大学认输了。

丁龙赢了。

‹ 05 ›

在当时的美国，不止一个丁龙！

这些孤居海外的漂萍游子，他们失去祖国，也失去了自由，但是他们的心从未屈服，始终在以平静而温和的节奏，为他们的心灵自由而战。

被他们所感动、所征服的，也不止一个卡朋蒂埃。

这些伟大的低贱者，改变了整个美国对中国的看法。

1901年，美国第一个东亚系在哥伦比亚大学设立。此后中国很多有名的大学者，诸如胡适、陶行知、冯友兰、闻一多、马寅初等，都曾到这里学习。

平凡的人，也可以极伟大。

这就是丁龙的故事。

⟨ 06 ⟩

人的一生，要经历三次成长。

第一次，发现自己不是世界中心。

第二次，发现即使再努力，有些事情也终究无能为力。

这两次所谓的成长，实则不过是巨大的创痛，会让很多人陷入自卑与绝望。就这么个处境，就这么个现实，爹没权妈没钱，满手是烂牌——上帝关上了我的门，顺手也关上了我的窗子，临走还捎带脚用门板夹了一下我的脑壳。

不公道啊，不公道。老天凭什么这样虐待我？

就这样抱怨不休，却忘记了，**其实人生还有第三次成长：明知有些事情无能为力，但仍然会努力争取！**

只为平凡而战！

< 07 >

丁龙的故事,是一个伟大人格的故事,一个心灵的故事。

在被卖为猪仔的过程中,他遭遇了人类最悲惨的不公正,被鞭打,被囚禁,被虐待,失去自由、自尊与人格。而且,作为异国他乡的一个奴工,他也注定没有逆袭的机会。更惨的是,他还指望不上国家力量的救助——积弱的清帝国,恨不得多卖几个奴工换钱呢!

但是丁龙从未放弃!

他用心灵中最温和的力量,迫使高高在上的卡朋蒂埃承认了他的尊严,而最终,让这个即使是在美国,也算是精英的不凡之士心甘情愿地为其所驱策,成就了一段催人泪下的历史。

丁龙,做到了一件在别人看来他绝对不可能做到的事情。

当我们说不可能时,往往是在强调环境,而忽视了来自心灵深处的强大力量。

诚如罗曼·罗兰所说:没有伟大的品格,就没有伟大的人。

一个人可能卑劣,也可能颓废,那只是他的心陷入了深深的自卑与绝望——而这样的人,他们的处境绝对要比丁龙好上一万倍。但心灵力量的匮乏,让他们自暴自弃,终沦为不堪之人。

处境艰难与否,与我们的心灵力量成反比。心灵强大,举目尽是坦途;心灵卑微,坦途亦充满艰危。

丁龙的悲哀时代,在先行者不懈的努力下已经成为过去。现在的我们,终将拥有无尽华美的未来。或许我们此生无法期望成就如丁龙这般的伟大功业,但有些人陷入成长的苦痛,唉声叹气,有心无力,连梦想都不敢有,这就辜负了自己,辜负了丁龙时代的付出者。

其实我们每个人都有强大的改变命运的能力。如蔡志忠所说,一朵花可以开,树可以长,杯子可以装水,这就是功;把自己的事做到最好就是德。雨会飘，水会流，风会吹，树会长，花会开，时钟会走，这就是功。找到自己此生的目标与方向，把事情做到极致，这就是我们的功德。

  一如丁龙所奉，天下难事，必作于易；天下大事，必作于细。积跬步，至千里。汇溪河，成江海。人生就是这样不急不躁、不温不火，一点点积累而成的。而我们的人格、尊严与事业，也是于这平和的积累中渐而形成，终至伟大。而后回首望来路，唯见暗淡的行迹上都刻着平凡与平淡。

都怪你数学学得太好，所以人生诸多不如意

‹ 01 ›

有个姓靳的深圳朋友，年过三旬，有产有业，娇妻温柔，孩子可爱。

可是他不快乐，总感觉人生好像有什么地方不太对劲。

靳兄说，这种不对劲是他走过32年人生路，慢慢发现的。

先是小时候，家在山区，僻壤穷乡，生活贫困。上学要背一只筐，放学回家路上，先要捡一筐柴火，才能回家吃饭。

有一次学校组织去镇里，听个城里来的大学问家的讲座。大学问家说了些什么，他一点没记住，就盯着台上一个小姐姐看，漂亮、娴静、温婉，比电视里的女明星还美。

当时他鼻血狂喷，发誓要好好学习，以后进城，就可以和这样的姐姐牵手了。

苦读之下，他考入镇上最好的中学。然后问题来了。

有几个学霸，平时也不怎么用心学习，吊儿郎当，而自己连吃

饭的时间都用来背单词，可是无论如何努力，始终与那几个学霸差一截。

这差距，直到考入大学，也未能弥补。

好比龟兔在赛跑，他就是那只不肯服输的小乌龟，从未放弃过，一直在努力，但总也追不上前面的兔子。

比你优秀的人，比你更努力，奈何？

⟨ 02 ⟩

大学毕业后，靳兄运气不错，进了家外企，起薪就让人羡慕。

让人羡慕过之后，就是失落。

他认真工作，努力和同事搞好关系，只为打好根基，多挣些钱，也好在深圳买套房——你猜到了，深圳的房价是只快乐的兔子，疾奔如闪电；而他的薪资分明是只乌龟，总是打不起精神来。

工作一年半，父亲来深圳看他，带着笑脸来的，但走进他租住的屋子，脸色就有点难看了。

他的租屋算是体面的了，但乡下来的父亲极不满意。

最后父亲说了一句：读了半天书，住到了这么个地方，太憋屈了。实在不行咱回家吧，家里好歹也是三间大瓦房，敞亮！

父亲的话，让他幡然醒悟。如果只是打工的话，好像这辈子也比不上父亲了——父亲至少拥有自己的三间敞亮大瓦房。

必须创业！

‹ 03 ›

他开始创业，开了自己的公司。

他说，那一年，就在临街处，有10家公司开张，其中一半没活过两个月，还有三成没撑到年底。

他还行，撑到年底。

只剩他和另一家公司。可另一家公司是只兔子，开张仅一年半就拿到投资，然后噌噌噌地向前蹿，现在人家已是全国性企业，野心勃勃地想要征服地球。

而他却是只乌龟，虽然在残酷的市场搏杀中幸存下来，但也伤痕累累。开张第二年，公司规模扩张，员工招到了十几个，还换了大门面，可仍然没法跟兔子比。

此后，他的公司每隔一年半都会稳健地上一个台阶，并在新的层次上见到新的兔子。那些公司并不比他的公司实力更强，有的甚至行将倒闭，可时运说来就来，总会有个什么机会，让兔子迅速抓到。然后兔子公司撒开四腿一路狂奔，把他扔在后面吃土。

他的公司已经开了7年半，有过五次发展的机会，但这机会就像乌龟，根本没什么后劲。所以到现在为止，虽然公司里有六七十号员工，平时开私家车堵在深南大道，感觉自己也像个人物，但心里有种莫名的恐慌。

自少年立志、求学、打工至创业，不能说没有长远目标，他也很努力，但乌龟的努力终不过是兔子的下脚料。时常从内心深处涌出来的无力感让他不能不确信，自己这辈子就是只乌龟的命！

‹ 04 ›

听靳兄痛说奋斗家史，我心花怒放，脱口冒出一句：惨了，都怪你数学学得太好，所以人生才会有诸多不如意。

靳兄：什么？

是真的，我说：你其实是只兔子，只是数学成绩太好了，结果死活撑不上乌龟。这导致你角色错乱，对自己的物种属性辨识不清，陷入迷茫与困惑。

现在你就是那只聪明的兔子，来到了人生跑道上。在你前面，有只乌龟在爬。

这乌龟，是你少年时代的学霸，是你工作之初的房价，是你开基创业时心里暗暗认定要超越的竞争对手。

总之，你前面有只乌龟。

而且乌龟已经爬出了很长时间。假设乌龟每分钟爬10米，已经爬了10分钟，距你100米。

你开始追赶。

你的时速是……就算你恰好比乌龟快10倍，每分钟跑100米好啦。

你向前追赶，嗖的一下，跑了1分钟，跑出100米。

你以为你已经追上了乌龟，其实并没有。因为在你奔跑时，乌龟仍然在向前爬，又向前爬动了10米。

你怒了，我努力，排在我前面的乌龟也在努力，还反了你不成。我再追！

你又追出1米。

然而，此时乌龟又爬出10厘米，仍然在你前面。

小样儿，我就不服这个劲！你又追出10厘米。

乌龟仍然在爬动，又把你甩下1厘米。

你不泄气，不服输，发奋努力，又追上1厘米。

此时乌龟在你前面1毫米。

你把这1毫米追上，人家乌龟仍然领先你1丝米。

你继续追，追上这1丝米，此时乌龟领先你1忽米。

如此旷日持久，追龟不止。饶你尾巴短耳朵长，却自始至终跟在乌龟后面，总是差那么一点点距离。

枉你是只兔子，注定追不上乌龟！

⟨ 05 ⟩

长耳短尾巴兔子，纵一生发奋努力，也追不上开始就在前面的乌龟。

这是个有名的数学悖论，也是个哲学论题，也是一些朋友人生不快乐的原因。

对个人努力持高度怀疑态度，始终无法开心起来的朋友，都是这个悖论中的兔子。

他们总是说：努力有啥用？你努力，比你优秀的人比你更努力，比你条件好的人比你更努力。咱们的终点只是人家的起点，等咱们费劲巴拉地赶到，人家早已扬尘远去，这样的人生岂不悲哀？

有些努力的人，未能免俗。比如深圳的靳兄，他敢闯敢拼，从贫困的大山里走出来，在深圳开基创业，真的好厉害。但他每次赶上的，都是人家绝尘远去的起点，所以他才深深感觉人生好像有点不对劲。

到底什么地方不对劲呢？

来看看故事中那只悖论兔吧。再讨厌数学的人也会知道，这只兔子的高等数学学得太好，硬生生地把自己的兔生微积分了。

知道有些人为什么讨厌数学吗？因为每个人都在日常生活中本能地应用微积分，只不过你的算法是短尾巴悖论兔式的，跟课本上的完全相反。所以你一拿起高等数学，大脑就气炸了，因为你在喂食大脑异质的东西，于是大脑启动头疼程序，让你趁早放下书。

书本放下了，你继续用错误算法计算自己的人生。

于是你把目标放在别人身上。可你努力追赶，人家也在努力狂奔，这导致你呼哧呼哧地奔跑了一辈子，始终跟在人家屁股后面。

兔宝宝们，别再瞎微积分了，把视线放在目标前面。设若乌龟距你100米，你把目标放在乌龟前面200米、800米甚至1000米的地方又何妨？当你疾奔出1000米后，蓦然回首，那乌龟正在山脚下的客栈里打地铺！

< 06 >

有些人言称不喜欢数学，却把自己的人生瞎微积分。对此最生气的，大概是漫画大师蔡志忠了。

蔡志忠先生说：设若你连续工作1个小时，价值10元。那么，如果你把1个小时切割成2个半小时，加起来就连5元钱都不值。如果你再微分得细一点，切割成4个15分钟，那么这四部分加起来，都不值1元钱。

于人生而言，如果你以30年为期设定目标，你会很孤独，寂寞长路，只有你一只兔子在疾奔。但你会成就事业，践行生命价值。如果你以20年为周期，就会发现有些同行者，或远或近，出没无常。以10年为周期，同行者更多些。以5年为周期，你会发现自己虽然是只兔子，却总有霸道的乌龟叫着"闪开闪开"野蛮超车。当你人生的目标周期再短下去，你会发现，虽然你是只兔子，却不明原因地跟在乌龟屁股后面吃土。明明你耳朵比它长，尾巴比它短，还没有龟壳重负，却始终超不过去。

‹ 07 ›

人生有个神秘的规律：在你前面的，都是乌龟；在你后面的，都是**兔子**。

你前面的人，负重前行，往往为资源庞大所拖累，每行一步，十分艰难；每进一分，万分忧苦。

你后面的人，轻车简履，没有拖累也没有顾忌，只要他们的目标比你的更长远，转瞬就会弯道超车，把你远远地抛在后面。

微分有界，积分有边。界小边窄，谓之格局不足。

人心唯危，道心唯微。有多少志向远大的人，迷失在他们那拆分得过细的心里？

不要盯着你前面的人！

目标是移动的，要盯住目标前方那遥远的距离，那才是属于你的辽阔跑道。

人性是个熊孩子，往往不分好赖，不识好歹。**你最喜欢的，很可能是陷阱，是顺应你天性中的怠惰之愿；而你厌恶的，多半是你人生的最优解决方案。**只因大脑固守错误，所以才会对修正性的资讯发出憎恨信号。

正如柏拉图所言，智慧在我们每个人心里。**如果我们对智慧产生抵触之心，一定是大脑中已经有了固化的程序。把我们与智慧隔开

的，就是这些冥顽认知。佛陀说回头是岸，意思是说我们会把头扎在错误里，不肯拔出来。

很少有人在平常**谈论**微积分，但每个人都在不自觉地运用微积分计算人生。如果你心里有什么不爽，多半是算法出了问题。如果你勇于对自我负责，不希望自己的生命被错误的算法所羁绊，就张开你的双臂，迎接全新的**改变**。一旦我们心中的算法契合世界本原，就会见证智慧花开，拥有美丽灿烂的生命。

你唯一有把握的，是成长

‹ 01 ›

爱在左，情在右，走在生命路的两旁，随时撒种，随时开花，将这一径长途点缀得香花弥漫，使穿枝拂叶的行人，踏着荆棘，不觉痛苦；有泪可挥，不觉悲凉。

上面这句话，是清华大学招生办引用的冰心的原句，用以回复一个19岁的孩子——甘肃考生魏祥。

魏祥的父亲早逝，自己患病，无法行走。他考取了清华之后，致信学校，希望校方能够提供一间简陋的宿舍，让身体有残疾的他带着母亲去读书。

校方回应妥善解决，不会错过任何一位优秀学子，并在信中称：对你来说，命运或许不公，人生或许悲苦，但是请你足够相信，相信清华。

‹ 02 ›

古罗马哲学家塞内加曾表示：何必为部分生活而哭泣，君不见全部的人生都让人潸然泪下。

之所以潸然泪下，是因为人生充满了太多的悲喜，跌宕起伏，像过山车一样大起大落。而说到底，这世界平坦如砥，起伏不定的，不过是我们成长过程中的感受。

每个人都有两次生命，一次是活给别人看的，另一次是活给自己。

很早以前，读到个故事。

在一个美丽的港湾，生长着两种螃蟹。

一种生活在海边的浅水洼里，体形很小，只有乒乓球那么大，而且模样丑陋，反应迟钝。这种蟹甚至没有食用价值，只能碾碎用作田里的肥料。

另一种蟹长在深海里，涨潮时被冲上海滩，挥舞着巨螯对人示威。这种蟹，体形大如圆盘，色泽鲜亮，动作敏捷。

不过是当地的两种螃蟹，仅此而已。

忽然有一年，有位英国海洋生物学家来这里休假。他发现了当地的两种螃蟹，就仔细观察一番，宣布：这两种螃蟹虽然体形差异极大，实际上却是同一个品种，只是外部环境的变化让螃蟹的外形变得完全不一样。

此言一出，当地居民哗然，都认为这个海洋生物学家在胡说。这明明就是两种螃蟹，没有丝毫相似之处，怎么可以说是同一个品种呢？

生物学家遭到居民的肆意嘲笑，被激怒了，于是他和当地居民打了个赌，要证明自己的结论是科学的。

他先从海里捉来10只鲜亮蟹，装进一只网箱，放在浅水洼里。再把浅水洼里的10只丑陋蟹装入另一只网箱，置于深海中。

如此过了半年，参与实验的20只蟹全都活着。只不过被置入海中的10只丑陋蟹全都长得大如圆盘、颜色鲜亮，而原来那10只个儿大、鲜亮的海洋蟹，在浅水洼里全都变得丑陋干瘪，与浅水洼里长大的螃蟹毫无区别。

这是怎么回事？

< 03 >

海洋生物学家说：陆上水洼里的丑陋蟹与海里的鲜亮蟹，确实是同一个品种。之所以体形差异巨大，是因为个体的选择。

原本这种螃蟹就是海洋物种。但有些幼蟹不明原因地怀恐惧之心，惧怕海里的大风大浪，于是逃避到岸边的浅水洼里。这里平静、安全，只是食物太少，让螃蟹饱一顿饥一顿。浅洼蟹生存的全部目标就是吃到足够的食物，这导致它们的体形越来越小，外形也越来越丑陋。

相反，海中的螃蟹虽然不得安稳，随波逐浪，但为了对抗激烈环境，它们的身体越来越强壮，而且大海里充足的营养滋养了它们横行天下的气势。

< 04 >

人生如蟹，一切取决于自己的选择。

不是环境造就了我们，是我们选择了环境，是我们的选择决定了

我们的生活，造就了千差万别的人生。

香港曾有个少年，比甘肃学子魏祥还要悲惨。

这孩子家境原本就不好，到他12岁那年，父母离婚，都嫌他累赘，不愿意抚养他。

这苦孩子就流落到了笼屋，就是一间阴暗狭小的租屋，里边是排得极密的上下铁管床。孩子住在这里，还要每天出门打工，养活自己。

他在一家茶楼做小弟，每天都吃不饱，饿得夜夜痛哭。有一天，有位客人用过餐，买单离开了，他发现客人还剩下一个叉烧包，看四周无人，急忙偷偷塞进嘴里。

岂料领班一直在盯着他，发现他偷吃，立即冲出来，喝令他把嘴里的食物吐出来。他拼命把叉烧包咽下，噎得眼泪直流，然后摇头，否认自己偷吃。

领班怒极了，扬手一个大耳光，啪的一声，把他抽倒在地。

就这样，他丢掉了茶楼小弟的工作。

孩子哭着返回租屋，路上遇到一位他一向尊敬的老伯，就上前哭诉：为什么我的命运这么悲惨？为什么？爹妈离婚，谁都不肯要我，我到底长得有多丑？在学校里，我被人欺负，在茶楼打工，还被领班殴打。难道我这一生，就注定要这么倒霉了吗？

老伯算是事业有成，常在租屋附近走动，也时常教导这孩子一些道理。但往常，孩子根本听不进去。

这一次，老伯听孩子哭诉，盯着孩子看了半天，忽然笑了。

老伯说：傻仔，谁告诉你人生是注定的？如果人生注定了，哪里还来惊喜？注定了的人生，就算做了百万富翁，又有什么开心的呢？

正是因为人生不能注定，所以才会时刻充满惊喜。

正是因为人生不能注定，所以你的选择与努力才有其价值。

老伯的话，让少年猛醒。

对呀，人生好像不应该是注定的。不同的选择，会带来不同的人生命运。既然如此，那我就努力吧。

‹ 05 ›

少年从此努力。他也没个正经方向，就是喜欢听歌，所以向着歌手的方向努力。

十年之后，他录制了自己的第一张唱片。

录制完成后，工作人员聚拢在一起听。听了一会儿，大家困惑地抬头：哎我说，你这唱腔……你自己听听，这是人唱出来的东西吗？就这东西，你觉得能卖出几张？

几张？他鼓足勇气，回答说：我估计怎么也得30万张吧。

30万张？哈哈哈哈，所有人爆发出失控的大笑：就这鬼唱腔，居然敢说30万张，天哪，你是想一夜成名想疯了吧。

从此，大家就不再叫他的名字，而是称呼他30万，意在嘲弄。

就连他的制作人也视他为一个笑料，加入嘲弄他的行列。

他坦然面对，面不改色，但走出门来，泪水立即狂涌不止。

表面上的坚强，实则不过是掩饰脆弱的内心。虽说十年行进，已经历了不知多少次这样的戏侮嘲弄，但敏感的心灵仍不堪重负。

他回到家里，进屋趴在床上，号哭起来。十年呀十年，我注定就这么悲惨……咦，隔壁怎么还开着收音机？这大半夜的，也不嫌吵得慌。竖耳细听，隔壁人家的收音机里正在播送：本周的冠军歌曲——王杰的《一场游戏一场梦》。

听清楚的确是自己的歌，已经在被人戏侮嘲弄之路上走过十年之久的王杰再度号哭。他说，我的《一场游戏一场梦》，后来销量突破1800万张。

‹ 06 ›

香港歌手王杰，并不算什么成功人士。他最多只能算冲出低洼地，冲向大海的众多螃蟹中的一只。

但人家有胆气，敢于冲破命运的禁锢。

如他所言，人生不可能被注定，一切取决于你的选择。你可能能力不足，可能蠢笨不堪，但勇敢的选择会让你体验到惊喜与激情，体验到跌宕起伏的命运，而这才是你来到世界的真实目的。

金矿里并不全是金子，更多的是矿渣。

千淘万漉虽辛苦，吹尽狂沙始到金——金子不是挖出来的，而是淘尽无数的矿渣，才得到的。

于甘肃学子魏祥面前，我们感受到巨大的冲击力。许多人，生活环境与现状不知比魏祥优越多少，却缺乏行动的勇气，丧失选择能力，让自己沦为海边水洼里的丑陋蟹，卑微求存，不敢张扬自我的生命意志。

究竟是什么原因，让有些人放弃了自己？

有些人的心，正如村上春树提到的，是世界上最令人绝望的牢狱。因为那是囚徒囚禁自我的牢狱，并非被人凭借暴力关进去，是自己走进去，从里面锁上牢门，亲手把钥匙扔到铁栏杆外的。

世界上没有一个人知道他们被幽囚在狱里。

当然，任何时候他们只要下了决心，就可以走出来。因为牢狱原本在他们自己的心里。然而他们不肯，让自己的心变得像铁石一样坚硬。

这就是有些人人生不如意的真相。

你幽囚了自己。

‹ 07 ›

命运或许不公，人生或许悲苦，但是请你足够相信——相信这个世界，相信你自己！

不相信自己的人，始终活在他人的评价中。正如海边的螃蟹，遇到恶评的风潮，就吓得魂飞胆破，忙不迭地逃往岸上的安全之地。结果是局限了自己，使自己沉陷于卑微无望的污泥中，每日绝望地自悲自苦，活成了完全不是自己的样子。

爬出来吧，给自己自由。

你唯一有把握的，是成长！

此前种种，如昨日死。此后种种，如今日生。所有人，终将宣布旧我的死亡，终结那个长年活在他人评价中的卑微自我，而后于响亮的痛啼中开始自己的新生。

这一次，做自己的主人。

正如甘肃学子魏祥所做的那样，在生命路的两旁，随时撒种，随时开花，将这一径长途点缀得香花弥漫，使穿枝拂叶的行人，踏着荆棘，不觉痛苦；有泪可挥，不觉悲凉。

有意义的人生，不是去想还缺少什么，总是求而不得，因此沉溺于苦痛中，而是想一想凭现有的东西，能做什么？生命给我们的馈赠，远超过预期，之所以无能为力，只是因为放弃了自己，把命运的裁决权交给了别人。

必须要夺回自己，知道自己真正想要的，无非是自我生命意志的张扬。当这个目标于心中树起，一切外界的诱惑、喧哗、戏侮或是打击，尽如海风过耳，心不留痕。你的身体随波潮漂动，你的心情在红尘中起伏，但你的眼神温柔而坚定，心志坚韧如钢。只因你和自己在一起，纵千嶂叠峰，万里云雾，也不会于惶惑中迷失自己。

你要在最好的年纪，活得无可替代

＜ 01 ＞

有许多人，对自己的现状是不满意的。

比如马云。没错，就是阿里巴巴的马云。

媒体称，在一次女性创业者大会上，唯一的男性马云深情地说：下辈子，我想做个女人，生两个孩子。

这个愿望，真的蛮有意思。

我想弱弱地说一句：马云先生，你可以。

＜ 02 ＞

其实你可以。

无论你想成就什么，想做什么于生命而言有价值、有意义的事，最好的时机就是现在。

我能听到你的抱怨：现在？太晚了，我好像已经错过了最好的机会……

真的没有！

请你抬起头，向远方看，向时光最深处看——看到你生命的暮年。

那时的你，已经垂垂老矣，正卧于病榻，有气无力地喘息着。夕阳在远方慢慢落下，人世间的喧嚣离你远去。尽管你苍老的手已经拿不稳喝水的杯子，但此前的人生，如电光石火，在你脑际迅速掠过：太晚了，太迟了，来不及了……你这一生说得最多的话，如惊雷一样回荡于脑中。那时你心中唯一的感受，就是懊悔。

曾错过多少美好人生？

不甘心！

你合起苍老、满是皱褶的手，向苍天许下一个愿望。你希望自己的生命重来一次，希望人生中那些所有的缺憾能够稍获弥补。

忽然，唰的一下，你的身体剧烈颤动，惊抬头，你发现愿望已经成真。

生命重新开始了。充满活力的你正坐在熟悉的位置上，看着这篇文章。

那就开始吧，做你想做的事！

‹ 03 ›

人生最大的幸福，莫过于成为自己。

做自己该做的事，不允许任何借口困扰自己的选择。

2006年，一个5岁的美国小姑娘凯瑟琳坐在家里的沙发上看电视。

电视里说，在非洲，每30秒就有一个小孩因为疟疾而死亡。小凯瑟琳惊恐地掰着手指，数了30个数，哭了起来：妈妈，一个非洲小孩死掉了，我们必须要做点什么。

该做什么呢？凯瑟琳的妈妈也说不上来，她上网查阅资料，告诉女儿：非洲孩子的生存环境残酷，蚊子极多，是蚊子带来了疟疾，害死了孩子们。有一种泡过杀虫剂的蚊帐可以保护孩子，可是非洲的穷人家里买不起这种蚊帐。

原来是这样。凯瑟琳明白了。

她还在想，要做点什么，帮助那些可怜的非洲孩子呢？

几天后，她想到了一个法子，就让妈妈带她去超市，用自己省下来的早餐钱买了顶蚊帐，捐给一家专门救助非洲孩子的慈善机构。

她收到了回信，知道自己是捐助者中年龄最小的。

但是凯瑟琳没有感到高兴。一顶蚊帐只能帮助几个孩子，可是还有更多的非洲孩子面临着死亡的威胁。

她必须再做点什么！

‹ 04 ›

凯瑟琳把自己的旧书、旧玩具、旧衣服全都拿出来卖，可是没人来买。

于是凯瑟琳自制奖状，所有购买她的物品的人，都将得到一张由她亲笔签名的奖状，奖励对方献出爱心。

她开始练习演讲，号召更多的人来帮助非洲的孩子。

她给足球明星贝克汉姆写了求助信。当然，还送给贝克汉姆一张由她认证的奖状。贝克汉姆把这张奖状贴到个人网站上，让更多的人加入救助非洲孩子的善举中。

然后凯瑟琳又给比尔·盖茨写了封信：亲爱的比尔·盖茨先生，没有蚊帐，非洲的小孩会因为疟疾而死掉。他们需要钱，可是我听说钱都在你那里……

比尔·盖茨只好把兜里的钱拿出来。

7岁那年，凯瑟琳参加了由比尔·盖茨基金会出资筹拍的《孩子救了孩子》公益纪录片的拍摄，终于踏上了非洲大地。她开心地看到，由自己捐献的蚊帐在当地被称为凯瑟琳蚊帐，甚至有个村子以她的名字命名。

从5岁到7岁，短短两年时间，她已经救了超过百万个非洲孩子的命。

大爱无言，善行无迹。

只要心灵纯净，内心有爱，哪怕是一个孩子，都能够改变世界。

⟨ 05 ⟩

凯瑟琳5岁时就能够改变世界。更多的人，年纪一大把了，还活得懵懵懂懂。

在日本，就有这么个老头，名叫安藤百福。5岁的凯瑟琳准备拯救世界时，安藤百福刚刚去世，享年97岁。

和凯瑟琳正相反，安藤这老兄，他人生的前20年基本算是白活——22岁之前，他就是个普通人，求学，成长，看不出有什么过人之处。

但他在22岁开始创业，事业一飞冲天，分公司遍地开花。他志得意满，还在大学创立了以自己名字命名的经济学。

第二次世界大战开打，满天都是轰炸机，轰轰轰！把他的产业炸回了石器时代。

打回原形，一无所有了。

人生豪迈，只不过是从头再来。

二次创业，高开高走，安藤与人合作生产发动机零配件。

事业再度红红火火之际，"二战"忽然就结束了。盟军登陆日本，当场将安藤百福拿下，以偷税漏税之罪名关进了大狱。

两年后，走出深牢大狱的安藤百福已经40岁了，两手空空，一无所有。

第三次创业。这一次最"成功"，短短8年，新创立的公司被迫倒闭，48岁的安藤不得不变卖所有家产，偿还债务。

没法再玩下去了。

‹ 06 ›

48岁，穷途末路的安藤百福想起他蹲监狱前的一件事。

有一次，他晚上出来找食吃，好不容易找到个拉面摊，却排着好长的队。当时他心里想：如果有一种面，拿开水一泡就能吃，那该多好。

但是当时，这个想法只是一闪而过。

安藤一如刚刚出生的婴孩，两手空空赤条条，于是想琢磨琢磨这事，弥补人生的缺憾。

他在一间不足10平方米的小黑屋里，端着口炒锅开始了研究，并于当年推出了人类历史上极有价值的发明——方便面。

方便面，好吃而且吃不厌，居家必备容易保存，简便易食不需烹饪，价格便宜安全卫生，因而与随身听、数码相机、卡拉OK等被誉为日本的国家级发明。

此后,安藤百福又推出了升级版的方便面——杯面。

数据表明,2015年,全世界消费了977亿包方便面,而中国人平均每人吃掉34包方便面。

苍蝇般一辈子瞎忙,忙到最后一无所有的安藤百福,就这样在一间狭小的黑屋子里迎来了他人生命运的转机,也改变了世界。

‹ 07 ›

人和人的生命节奏是不同的。

凯瑟琳5岁就救助非洲孩子,安藤百福48岁还活得恓惶,一无所有。但是他们都在自己最好的年纪改变了世界,活得无可替代。

做一件事最好的时机,就是现在!

《纽约时报》有篇文章说:奥巴马55岁就退休了,而特朗普70岁才当总统。每个人都有自己的发展时区,你不比别人快,也不比任何人慢。有些人看似走在你前面,也有人貌似落在你后面,但其实,每个人都是在自己的时区里,有自己的步调。

不要嘲笑你后面的人,也无须望着前方远行的身影惭愧气馁。

你没有落后,也没有领先。

只要你心态平和地向前行进,不惧嘲讽,不惮物议,就能够按照自己的生命节律,与最优秀的自我相逢。

⟨ 08 ⟩

做一件事最好的时机，就是现在。
而现在，就是你最好的年纪。

无论你还在牙牙学语，还是已经老态龙钟，都处于最美好的年纪。年轻有年轻人的朝气与率真，年老有老年人的睿智与经验。无论任何时候，你都是处于最美好的时区。千万不要说什么太迟了、太晚了，生命充满了无尽的变数，从不曾有什么迟晚这一说。你之所以说出太迟了这样的话，并非出自本心，而是忌惮于他人的谤议。

不要在意这些，别人只是你生命里的过客，与你偶然交会，擦肩而过。他们永远不会为自己的嘲笑负责，所言无心，讥谑如风，如鸟儿翅膀划过天际，如蜻蜓尾部点过水面，转瞬就会消失无迹。

不会有人记得他曾对你说过的话——情话是个例外，而那些最伤你心的幽怨之言，都是说过就忘。

承担你选择责任的，是你暮年的生命。

坐而论道，何如起而行之？与其在迟暮之年懊恼后悔，莫不如拔剑而起，直面人生未来，从现在开始，再不犹豫，再不推诿，再无懈怠，再无懒惰。哪怕如马云那样，虽然是个男人，却很想享受生命诞生的喜悦，也未必非要把这个愿望推到来世，就是现在如何？

现在是我们最好的年纪，经历过、遭遇过、悲伤过、喜悦过、迷醉过、清醒过、渴望过、满足过，生命的积累一点也不会浪费，已拥有的弥足珍贵，即将到来的堪可预期。就让我们去做最有益于生命的事，张扬活力，敞开心扉，直到活得无可替代，那才是真正的我们自己，也是我们来到这世界的价值印证与唯一意义。

所以，你准备好成为一个无可替代的你了吗？

人生没有失败，只有铺垫

‹ 01 ›

做人，最要紧的是通透。

通，没有障碍，可以穿过，能够达到。

透，看穿障碍，看明方向，看到目标。

通透之人，自由自在，舒适爽快，活得轻松。

不通透之人，习惯于无事生非，横生枝节，堵自己的路，憋自己的心，把好端端的人生弄得鸡飞狗跳。因而疏离快乐，压力巨大，活得委屈、痛苦、艰难。

拦江书院的一位院士给我讲，他在网上看到有个孩子发帖倾诉内心苦痛。

孩子说，他的父母不懂教育，对他态度粗暴，野蛮压制。8岁时因为尿床而羞辱他，10岁时当着别人家孩子的面讥笑他，骂他没有上进心，终将一事无成。可无论他要做什么，父母总是横加干涉，泼冷水打闷棍，让他有太多的渴望胎死腹中。

他说：父母皆祸害。

父母的残忍粗暴，字字如刀，句句如刀，切剁着他的心，让他辗转反侧，夜不能寐。他呼吁天下父母体谅孩子的脆弱凄苦，不要再伤害孩子了……救救孩子！

听他说得凄惨，院士就建议：你老大不小了，应该自立了，为什么不搬出来，自己居住呢？

不行！对方说：如果我搬出来，就没地方住了。

怎么会？拦江书院的院士诧异，顺着这孩子的话理了一下思路，才意识到发帖的"孩子"应该是位40多岁的大叔。

40多岁的大叔，还在抱怨父母，这事，怎么想都不对味。

⟨ 02 ⟩

有个孩子，在网上倾诉爱情之苦。

他喜欢一位女神，剖肝沥胆地表白，每天10块钱的零花钱，9块9用来给女神买早点。但女神始终若即若离，既不答应也不拒绝。直到有一天，富二代驱车而来，女神袅袅婷婷地登车，对他说：我不是贪慕虚荣之人，也不注重物质享受，你只要……

只要什么？

男孩说：车开走得太快，后面的话我没听清……

有个女孩，也不知交了什么奇怪的霉运，恋爱时所交非人，接二连三地遇到渣男。吃饭必逃单，吵架就发癫，眼高手又低，怒刷存在感。

听说人间有四大"神兽"：最优秀的别人家的孩子，最懂教育的别人家的父母，最温柔的别人的男友，最宽厚的别人的老公。这四大"神兽"，完美无缺，天天听说，却从未见过。

女孩仰天长啸，飞泪如雨：为什么，为什么我就遇不到一个优秀男孩子？

< 03 >

我们于日常遇到的、见到的及听到的事，不止上述几桩。

经常听人问起：

如何从困境中走出来？

如何获得存在感？

如何成熟？

如何让内心更强大？

如何成为一个有教养的人？

…………

诸多不同的问题，应该各有其解决方案，但实际上，上述这些问题都出于同一个原因：不通透！

没看明白，没想清楚，没理分明。

所以，此类问题，其实有着同一个解决方案。

< 04 >

大概3个月前，心学讲武堂的一个女学员对我说：雾老师，我想成为一个美女作家，现在完成了一半目标，另一半该如何着手？

一半目标？意思是说，她现在已经是美女了。下一半目标，就是如何才能让大家承认她是个作家。

当时我回答说：作家、艺术家，以及工匠什么的，都是技能属性的。**技能，不是手把手能教出来的，而是自我训练的结果。**

所有大牌的作家，都是躲进小屋子里点灯熬油，刻苦磨砺而成的。

掌握技能的人，比如厨师，只听大厨讲课却未经自我训练，最多不过是个挑剔的食客。学院教育，能够教出文艺批评家，却教不出作家；能够教出历史鉴识者，却教不出历史学家；能够教出工程师和数学老师，却教不出科学家和数学家。

要成就事业，必须遵循五倍资源法则。

‹ 05 ›

为了达成目标，必须要准备五倍的资源。

要给人一杯水，你至少先要准备一桶水。

比如一个厨师，哪怕烹饪理论背得滚瓜烂熟，拿起炒勺，可能也要炒上五盘菜，才有一盘勉强能让人吃下去。

比如一辆车，哪怕造得华丽非凡，也需要横贯崇山峻岭间的高速公路，才能让车飙起来。如果你修建的公路跟这辆车同样宽窄，此车必成废物。

比如一株植物，需要足够的成长空间、足够的泥土，让根系舒展扩张，汲取营养。如果你把植物养在与其根系同样大小的空间里，此植物必死无疑。

阅读者，如果要具备娴熟的阅读能力，至少要阅读五倍于教科书的经典书籍，才能对文字敏感，达到一目十行而过目不忘的程度。许多读书慢的人，不明白这个道理，总是担心别人说自己阅读不用心，阅读时不敢加快速度、加大量，搞到大半年也读不了几页书，越读越慢，越慢越记不住，最终彻底丧失阅读能力。

职业作家，哪怕是个垃圾写手，想要拿出2000字来，也至少要狂写10,000字！如果他把写的10,000字全端出来，行家拿鼻尖一嗅，就会喷出一句：你这里边80%不过是肥料！

2000字的精华，是靠了5倍的文字量滋润而成的。

这就叫写作的五倍资源法则。

‹ 06 ›

五倍资源法则，不仅是说阅读，说写作，也是人生事业、爱情、生活诸方面成功的规律性体现。

体育巨星飞人乔丹被视为商业社会的成功者，但他说：You are wrong（你错了），我从来不是什么成功者，从来就不是。我实际上是个巨大的失败者。

曾有9000次，我在占有绝对优势的情况下投球，大家都认为应该进，我也认为应该进，但球没有进。

9000次没有进，脸皮巨厚的我气不馁，心不慌，仍然淡定地投球，于是投进了4473次。

9000次没有进，这只是在正式比赛的球场上。日常训练中，我投球的次数不少于67,365次。

哪有什么坚持，唯有死撑。

没有这67,365次的自我训练，就不会有这13,473次的场上机会。

没有13,473次的场上机会，就没有4473次的进球机会。

没有9000次的失败，我就是你——从未失败过的你！

⟨ 07 ⟩

相比屡败屡战的迈克尔·乔丹，很多人恐惧失败。

他们不知道，**失败是必然的，成功是偶然的**——所谓成功，不过是例行失败出现差错的结果。

就比如文中的第一个故事，40多岁的老男人还靠爸妈养活，每天抱怨爹妈不懂教育，也亏他脸皮够厚。十几岁时说这事，还有道理，二十几岁开始自己的人生，就失去抱怨爹妈的义理依据了，可这老兄人到中年还在说这事，就是因为他的人生积累太少，从未干过正事，没有体验过连续性失败之后，偶然出现成功的意外惊喜。

失败不可怕，空白才真正令人恐惧。

另外两个故事的主角，索爱无果的男孩，与总是遇到渣男的姑娘，归结起来也是同一个道理——他们人生的失败太少，缺少足够的经验资源，无力应对下一场人生挑战。

正如一个作家，狂写五本书，才有一本有出版价值。人生的任何一步，都需要五倍的资源储备——即使有五倍的投入，也未必会赢。必须要如乔丹那样，经过近七万次的场下训练，才能获得一万余次的场上机会。而后是一多半的失误，以及偶然的幸运，才构成常态的人生。

⟨ 08 ⟩

人生根本没有什么失败。

只是有些人曲解了事务推进流程。

什么叫事务推进流程？

聪明的男孩在追女孩时会精心计算，追这个女孩大概要花半年时间，要与她会面30次。那么就可以把整个追求进程在脑子里列出个时间表。第1次只是相识，微笑，留下点印象。第2次点头，致意。第3次搭上话，第4次关心问候……第10次请人家吃饭，第15次看电影，第20次从电影院里出来，要牵着人家的手……第30次还是牵着手，但直接牵进洞房。

你要说服的客户、追求的目标、达成的任务、完成的使命，正如这个姑娘，没有前29次的铺垫，人家凭什么进你家洞房？

可有些朋友，执拗地把前29次铺垫视为29次失败。不敢追求，不敢行动，坐视女神被别人抢走，而自己形单影只。

人生没有失败，只有铺垫。

不敢尝试的人，都是错把铺垫当成了失败。 所以有些人会放弃自己，失去自立，拿自己当藤蔓，想缠在别人身上——所以最美的情话，一度是"我养你"。可这话信不得，人生如逆水行舟，不进则退。你坐视自己一天比一天不堪，却希望爱情地久天长，这于对方而言，太不公道了。

人生最可怕的是把命运交到别人手上，如同蜷缩于笼中的鸟儿，一旦别人疏忽了投食，悲惨就到来了。电视剧《我的前半生》已经把这个道理说透——每个人都是罗子君，**必须要保持强大的生命活力，读书、交友、旅行，扩大自己的生存圈**。自立者才有自尊，自强者才有明天。

人生不过是场声势浩大的单独旅行，要活得通透，看得分明，闲时忙时铺垫事业，当铺垫的资源构成肥沃的泥土，我们的未来就会厚积薄发，盛开出美丽绚烂的生命之花。

做一个快乐而简单的人

第二章
人生漫长，
我只想活得轻松些

谋局不过人心，处世无非人性

〈 01 〉

当地时间2017年5月22日，曼城发生恐怖袭击。

一声巨响，伴随着鲜血与尸体，炸出了人性的晦涩与悲凉，让一个善良天真的小女生哭到崩溃。

小女生名叫爱莉安娜·格兰德，90后，美国走红的人气女歌手，中国的粉丝亲切地称呼她A妹。

A妹出道较早，成名却不易。可以说，是粉丝的热爱造就了A妹，所以A妹与粉丝之间相亲相爱，互动频繁。

来自微信公众号"英国那些事儿"的报道称，A妹曾给粉丝买午餐，看望患病的粉丝，帮粉丝张罗学费基金。总之，妹爱粉，粉亲妹，A妹粉丝一家亲。

而曼城恐怖袭击事件，正是发生在A妹的演唱会上，死难者多是A妹的粉丝。

事发之后，A妹悲声痛泣，接连向粉丝道歉，联系遇难者家属，承诺为他们承担丧葬费用——尽管这一切不是她的错，但对粉丝的爱让她难以释怀。

为了昭示人间大爱，回报粉丝，她将在曼城举办一场慈善演唱会，为受难者们筹集善款。

可万万没想到，另一种类型的恐怖分子掩袭而来，让A妹的爱与善再受困扰。

‹ 02 ›

为了完成筹款善举，A妹力邀许多大腕出场。这些重量级的歌星不是为钱而来，有的甚至要自掏差旅费，只为心中温暖的爱。

接下来是票务。

按A妹的想法，曼城爆炸案发生时在场的14,000余名观众，可以在网上注册信息，免费领取一张门票。其实，爆炸案与A妹无关，她本人也是受害者，是幸存者。而她能为粉丝们做的，只有这些。

余下来的票，40英镑一张——便宜到没天理。

只为善行，无怨无悔。

万万没想到，爆炸案现场原本只有14,000名观众，可当售票网站开放后，竟然有25,000人注册，信誓旦旦地声称自己是上次的受害者。

明摆着，至少来了1万多号骗子！

更令A妹震惊的是，出售的门票，不过6分钟就抢光了。而后黄牛现身，大模大样地开始兜售A妹慈善演唱会的门票——400英镑一张，价格翻了10倍。

这就全乱套了。首先，注册要求领取免费门票的达25,000人，近乎两个人中就有一个骗子。谁也没办法把这么多骗子从好人堆里挑出来。

其次，门票被黄牛抢光，真正的粉丝怨气冲天，让A妹震惊之余，更加内疚。

她高估了人性，这表明她是个内心纯净的小女孩。然而人性就是人性，绝不会因为你纯净或是女孩就发生改变。

‹ 03 ›

谋局不过人心，处世无非人性。

我们在这世上思考、成事，都是在和怪异的人性打交道。

不了解人性，就会如善良纯真的A妹，虽有一腔善良愿望，却只给了人渣钻空子的机会。

想弄懂人性，不妨从一部国产老剧说起——王志文主演的《天道》。

这部老电视剧，贼奇怪。喜欢它的人，都曾看过许多遍——拦江书院有位院士，自称他打19岁起开始看，到现在他坐断河山，拥有个人财富小帝国，仍然每年要看上一遍，10年看了17遍。

而另外一些朋友，完全看不懂——多是看个开头，说什么也无法再看下去。

不喜欢这部剧的朋友说：这根本不像一部电视剧……怪怪的。

没错，因为这部剧演绎了极奇怪的人性。

人性是多变的、不确定的，很难弄成电视剧。但这部剧已经很努力了，本着拒绝剧透的魔鬼法则，我们解说一下剧中有关人性的片段。

< 04 >

电视剧《天道》，演一个美丽的女警官爱上了一个简陋租居屋里的落拓男子。美貌女警官倒贴，落拓男还满脸不服、不忿、不乐意。

当然，最后落拓男还是乐意了。

乐意之后，女警官带落拓男来到荒山野岭，说：我爱你，也知道这份爱让你好委屈，要不你送我个礼物吧。

落拓男：人家两手空空，吃饭都赊账……你想要啥礼物呀？

女警官：看前面，有个小村庄，非常贫困，是贫困县的贫困村。你把这个村子弄富裕了，以后我们分手了，也算给我留下个念想。

落拓男：那咱们就让这个穷村子富起来吧。

落拓男来到穷村，村民们奔走相告：来大老板了，扶贫来啦，各家各户赶紧出来分钱啊。

落拓男：分啥钱呀，我一分钱也没有，只给你们带来几句话。

村民：呃……什么话？

落拓男：成事之法，无非一句话，忍人所不能忍，能人所不能。于忍与能之间的，就是你们的生存空间。你们对痛苦与屈辱的忍耐度，必须要比别人更高。你们的能力线，必须要比别人更高。你们的生存空间，才能比别人更大。

村民：听不太懂……然后呢？

落拓男：然后，我帮你们在北京成立一家音响器材公司，公司给你们村子下订单，产品销往海外，表面上是启动国际市场，实际上只是布一个局，向一家国内顶级音响霸主公司发起游击战，目的是迫使他们割下块肉来……这事不能说得太细，说细了你们也听不懂，总之赶紧做起来吧。

穷村民半信半疑，但横竖正值猫冬季节，无事可做，就听了落拓男的话，轰轰烈烈地忙了起来。

〈 05 〉

这位落拓男，表面上穷困潦倒，狗都懒得咬，实际上是位洞悉人心人性的资本高手。他虽洞悉人心人性，熟知社会规律，却偏偏不肯接受这些。这导致他成为一个纠结之人。明明可以心平气和，却非要把自己弄成狗都嫌的落拓男，大概的意思是想让自己远离繁华，以便更近距离地接近智慧。

美女警官正是意外地发现了落拓男是个高人，才飞蛾扑火，义无反顾地爱上他，并要求这样一件奇怪的礼物。

落拓男完成穷村布局后，就和昔日的朋友会面——这位朋友，是北京一家大型企业的老总。而他的总裁位置，正是得落拓男指点才获得的。

当初老总争总裁职位，但前面有两个重量级的对手。于是落拓男指点：你宣布退出，排在你前面的两个对手就会相互咬起来，最后必然是两败俱伤，谁也做不成事，你就可以不战而胜。

当时老总忧心忡忡地问：如果他们两个不相互咬呢？

落拓男：我说的是人性。除非他们不是人，是人铁定相互咬。

事情的发展果如落拓男所料，排在前面的两个竞争对手互相撕咬的结果，是让排第三的老兄毫无障碍地夺得总裁之位。

所以，当老总再见到落拓男时，第一句话就是：你好奇怪哟，竟然送女朋友这种礼物。更奇怪的是，你明明是在帮村民，却又处处防着他们，为啥呢？

落拓男：不为啥，只因为村民都是人，所以必然有着人类的天性！

< 06 >

落拓男说：穷人，犹如井底之蛙，所见寸光，已经看不到世界的全貌。帮助他们，首先是让他们防范吃大户心态——最要紧的，是让他们绝望，彻底打消倚靠别人的想法。

穷人一定要明白，改善处境，只能靠自己！

他们一定要在坚忍中慢慢提升自己的生存能力——如果你想让他们不受苦，免去这个过程，就必须加大投资。但无论你投入多少钱，都无法弥补他们根本不存在的能力。那么你投入的巨额资本，就会被一群没能力、低素质的人吃光耗净，最后连同你，也沦为和他们一样的人。

不熟知人性，你不仅扶不了贫，还会被贫困拖入井底。

除了你自己，全世界都帮不了你！

< 07 >

《天道》这部剧，净说些大家不爱听的。

生长于美国的A妹，铁定不喜欢这部剧，她心中是敞亮的、透明的，只有善与爱。之所以她为自己的14,000多名粉丝提供免费门票，是因为她认为每个人都和她一样，真诚、善良、不蒙、不骗、不吃大户。

结果招来一万多个骗子，外加多只倒票黄牛。

A妹的内心，一定是崩溃的。

唯愿A妹的心不要因此而变冷，也千万别学《天道》中的落拓男，找个没人的地方躲起来——你躲得过别人，却躲不过自己。一切人性皆在你心，与其无谓地逃避，莫如勇敢地面对。

‹ 08 ›

人性本无善恶，全在于你如何激励。

与别人互动，一定要预留出他人的能力空间。要给别人以成长的机会。

让别人成长，才是最大的善！

千万不要把你的手伸入对方的能力范围之内。这种行为根本不是什么善行，而是抑制他人成长，激起对方的怠惰与依赖心，这是恶之极也，是明智人生最不可取的。

善与爱，是最美丽的。

认识到真正的善与爱，就是智慧。

稻盛和夫说：小善如大恶，大善似无情。每个人都有自己的人生成长路，每遇到一个人生难题，都是一次能力成长的机会。万不可越俎代庖，以所谓的好心，引发人性的崩塌。

所谓善，是把事情做到恰到好处。

所谓爱，是对他人独立成长与人格的尊重。

知而不言，笑而不语。人生最大的智慧，不是像疯狗一样天天盯着人性的不堪，汪汪汪地狂吠个没完，而是洞悉善意本身，所作所为总能激起人心中善的回应，激发起人的成长天性。要做到这一点并不难，无非是尊重每个人的权利意志与边界，尊重他人的生活，不侵犯别人的成长空间。帮助别人，并非为了别人，只是自我人生事业的营建。

成就自己，才是成就他人。

这个世界上，曾有过无尽的美好，以后还会有更多。正如孔子所言，天何言哉？善行如太阳划过天空，只是它自己的固有规律。天地万物于此中沐浴到阳光雨露，与太阳有啥关系？真正的无迹之善行，只是遵从自我的生命意志，我在这里，我做喜欢的事，我成就自己。没有人需要你居高临下的恩赐，更不会有人对你所做的一切表示感激。只有当你明了这一点，才会心智洞明，察知这天地之间温暖的爱，与绵绵不绝的慈悲情怀，自始至终在我们每个人心里。不妨侧耳倾听，心中始终是同一个声音：做最好的自己！

常存单纯之心，深味复杂人性

< 01 >

鲁迅先生曾摘译过一句话：我希望常存单纯之心，并且要深味这复杂的人世间。

这句话，勾勒出人性的境界与世相的复杂，也是解读心灵的一把钥匙，让我们走出困惑，获得幸福与快乐。

拦江书院有位院士，讲他们单位有位同事，极有爱心。

有一次单位聚餐，大家准备出发，同事却去找老总，说：老总，这次聚餐，请大家不要吃肉好不？

不吃肉？老总：为啥呢？

怪同事：吃肉杀生，有损阴德。难道你希望来世托生成一只猪吗？

托生成猪！这话说的，老板听了要跳楼，老总听了想撞墙。又不好直接顶回去，老总只好说：你的建议我支持，可有些人无肉不欢啊。

怪同事双目炯炯：都谁无肉不欢？我去度化他。

老总说：除了你，全都无肉不欢，你得抓紧时间度化，大家马上就出发了。

度化未果，大家出发。

‹ 02 ›

聚餐时，怪同事又出幺蛾子。

聚餐在一个农家院里进行，大碗肉大碗菜，环境幽雅。

美好风景，人喜欢，蚊子也喜欢。

嗡嗡嗡，一只蚊子飞来，落在老总的秃脑壳上。老总眼疾手快，啪的一声，把蚊子拍死了。

怪同事震惊了：老总，你杀生！

老总气笑了：这是蚊子，它要叮我……

怪同事：谁说蚊子要叮你？它只是喜欢你，才落在你身上。蚊子也是有人性的，通情达理，善良温柔。你不伤害它，它怎么会叮你？

老总仰天无泪，闷头喝酒。

万万没想到，又飞来几只蚊子，叮上了怪同事。

怪同事身上迅速起了几个包，他想假装淡定，但搔痒的快感让他无法矜持，先是小动作，最后肆无忌惮地搔起来。

蚊子越来越多，怪同事挥手驱赶，突听啪的一声，他拍死一只蚊子。

哇！冷眼旁观的众人齐声叫起来：你竟然杀生！

我……怪同事茫然地看着手中的死蚊子：想不到啊想不到，善良的蚊子中竟然也有奸恶之辈。

哈哈哈，大家齐声欢笑。有些人，正如这位怪同事，他们思想肤浅，心思简单，固执地要把自己的主观想象往这世界上扣。

他们说：你简单，这世界就简单。听起来好有道理，但实际上，你简单，世界就简单，是浸透了人性认知与规律洞见的智慧，头脑简单的人士还需要走过漫长的路，才能抵达这个境界。

‹ 03 ›

思想肤浅、心思简单的，多是涉世不深的少年。

但少年拥有未来，拥有成长。

可成长也不是瞎长，有的孩子长着长着，就长歪了。

最近有篇微信文章，说有位美国教授疯狂吐槽他和一位留学生的认知差异。

教授说，这位学生从网上复制了一篇文章，拿给他，说是自己的论文。可按学校规定，论文中有7%的内容与别人发表的文章相同，就是抄袭。

教授没有向校方报告，希望孩子自己改正，就没事了。

可万万没想到，不依不饶的反而是这孩子，他非要教授承认下载复制也算原创。

教授无法接受，只能请这怪孩子走人。

这孩子就是长错了、长歪了，长成了思想肤浅，心思却复杂。他想用复杂的心，玩弄心思简单的教授，却没想到，这想法未免太简单了。

‹ 04 ›

思想简单、心思复杂之人，常有惊人之语。

比如，网上时常谈及美国大学歧视链。在美国，学霸是遭受歧视的，最有地位的是体育尖子，其次是社交型人才，再次是特长生，而学霸只能垫底。

于是就有人吐槽：此乃美国人的阴谋，就是为了让平民的孩子玩玩玩，浪费大好光阴，而中产阶级的孩子却暗度陈仓，完成自己的学业。

这个吐槽，就是典型的思想肤浅，心思复杂。

实际上，美国院校出现这种歧视等级，不过是与教育本质相吻合。年轻人走入社会，需要强大的合作能力、遇到挫折不气馁的意志、面对困境无所畏惧的勇敢精神。而这些，没有一样能在书本中学到，必须要参与运动实践。

比知识更重要的，是一个人的社会适应能力。这就是社交型人才居于第二位的原因。

特长生居于第三位，是因为他们有效发挥了自己的天赋，认识了自我。

体育尖子生、社交生与特长生，也未必就不是学霸。真正被鄙视的，多是些照本宣科、缺乏合作能力和适应能力及天赋不明的学生。这些孩子如果不明了学习的本质，就无法摧毁加于己身的不公歧视。

< 05 >

思想止步不前，心思却百般盘算的人，在遭受许多挫折后，也会慢慢成熟。于是他们就成为思想成熟但心思复杂的人，就是想太多有的没的，活得极累。

心学讲武堂上，有位老板曾讲，他是诸同学中事业做得最大的，而且他怀旧，每年都要张罗同学聚会，有心找机会帮助那些急于发展的同学。

同学聚会前两年还颇具规模，第三年，人数就少了一半。到第四年，居然没人来了。

老板伤心又郁闷，几个同学不来，那是他们的问题；全都不来，铁定是自己有毛病。

于是老板打电话给当年最要好的同学，追问情由。

问了半晌，对方吞吞吐吐地说：还真不怪你，怪只怪……那啥，咱明说了吧，你事业有成，可是我们现在太窘迫，不好意思见你。

你窘迫……窘迫就得找机会发展呀！老板气哭了：我是有钱人不假，可好歹咱们是同学，别人不肯帮你，我还不肯吗？我上赶着求着帮你们，可你们……

都已是明理的成年人，却心思迷乱，把事情想得如此复杂！

< 06 >

名作家余华暗恋一个女人——法国女影星阿佳妮。

伊莎贝尔·阿佳妮，在法国影坛声名显赫，而且人家有老公，有孩子。

但余华还是深深喜欢着她。证据就是余华藏有阿佳妮的家庭生活实录，经常一个人偷偷观看。

影片中，阿佳妮一家三口去餐馆吃饭。侍者递上菜单，不料三个人的口味无半点交集，这饭就没法吃了。

丈夫要求投票表决。阿佳妮立即拉拢儿子，许诺优厚条件，要求儿子支持自己。

阿佳妮以两票的绝对优势击败老公，夺得点菜权。而后，她像个天真烂漫的孩子，欢快地笑起来。

余华最喜欢她此时的笑——经历了如此漫长琐碎的人生，却仍保有孩子般的天真，这才是人生的至高境界：**思想复杂，心思简单！**

‹ 07 ›

成体系的是思想，日常的表现是心思。

思想要深刻，只有思想深刻，才能洞穿世事的表象，发现抽象的本质，获得源自内心的快乐。

心思要简单，简单的心思是智慧的积淀。 诚如智者所言，毋意，毋必，毋固，毋我——不主观，不绝对，不固执，不自以为是。**不把一个多变的世界确定化，才不会让自己遭遇太多波折。**

这个世界，其实是很简单的。

但有些怪人，总是把简单的事弄得极复杂。

500多年前，大智者阳明先生说：无善无恶心之体。初始时，每个人都是思想肤浅、心思简单的。

在这个阶段，只要研习事物的规律法则，思想日趋深刻，始终保持童心，就能够获得快乐、幸福，获得人生成就。

然而，阳明先生又说了：有善有恶意之动。总有些朋友，很努力地搞错方向，思想止步不前，心思却百怪千奇，复杂多变。

没办法，阳明先生只好继续说：知善知恶是良知——该复杂、该深刻的是思想，应该保持纯净的是心思。

最后，阳明先生说：为善去恶是格物。格物，就是认真分析事物内在的规律法则，同时驱散心思中那无尽的迷乱，恢复初始状态的明丽纯净。

畸形的比较、汹涌的欲望、焦灼的心态、无意义的奔波与劳碌，所有这些，都只是表象的沉迷，不应该羁绊自由的心。

人生很窄，得失只在方寸间。人生很宽，成败犹在千里外。这前一句，说的是思想之深刻，差之毫厘，谬以千里。这后一句，说的是心思的明净，退后一步，海阔天空。古往今来，越是伟大的智者，越是活得轻松写意。相反，庸碌者之流，却疲惫不堪，只因为他们的心迷失方向，失去主宰，总是把时间与精力耗费在无意义的事情上。这样的人，一生在努力，时刻在打拼，却只落得个海天茫茫，两手空空。

莫听穿林打叶声，何妨吟啸且徐行。回首向来萧瑟处，也无风雨也无晴——人世间，原本平坦如砥，风雨只在你心中。只有扪心自问，回归自我，重定目标，再次出征，此后的人生才会如预期一般举重若轻，步履轻盈。

有多少美好人生，
毁在抬杠之心的控制下

⟨ 01 ⟩

　　行舟问渔夫，砍柴问樵子。入海不知水，多半被淹。砍柴不知山，铁定迷路。

　　人类社会中，最好知道点人性。否则，就会磕磕碰碰，七荤八素，忙得七扭八歪，前后颠倒，却收不到点滴效果。

　　然而，人性到底是个什么模样呢？

　　有位朋友在网上说，他小时候非常聪明，但学习不上心，老是惦记着看电视。于是父亲就给他立规矩：你每天连续看电视的时间不得超过两个小时，要把更多的时间用在学习上。

　　好嘞！孩子答应一声，开始琢磨父亲立下的规矩：嗯，每天连续看电视的时间，不得超过两个小时……连续看……我知道应该怎么做了！

　　第二天，孩子严肃地坐在电视机前，开始看电视。先看1小时59分钟，停下来休息10分钟，再看1小时59分钟，再停下来休息10分钟，再看1小时59分钟……整整一天，这孩子就坐在电视机前，基本上没挪窝。

父亲察觉不对：你怎么回事？怎么没完没了地看电视？

孩子就等这句话呢，当即正气凛然地说：我每看1小时59分钟，都会休息10分钟，从未连续看电视2小时，完全遵守了你的规定，这有什么不对？

父亲：不是，这事不是对不对的问题，而是……而是……笤帚呢？我打死你个调皮捣蛋的小兔崽子！

父亲抡起笤帚狂抽，孩子一边拼命号叫，一边发出掷地有声的质问：公道何在，正义何存？我严格遵守了规则，为何反遭殴打？

‹ 02 ›

程序员林刚先生讲他设计游戏时的糗事。

他们的游戏类似于《金庸群侠传》。玩家注册，进入游戏世界，就会遭遇金庸武侠小说中的各类人物。玩家要战胜这些角色，升级加分，获得奖励。

游戏中有一关，丐帮洪七公守在此处，玩家只要打败洪七公，夺得打狗棒，就能够获得最高加分。但洪七公是何等人物，神龙见首不见尾，根本不是普通玩家打得过的。

但是，游戏上线没几天，管理者惊讶地发现，有几个玩家，水平差差，却忽然获得极高的加分。明摆着，他们一次又一次击败了洪七公，夺得了打狗棒——但这是不可能的！

明明无法打败洪七公，玩家又是如何获得高额加分的呢？管理员仔细一看，差点没晕死过去。

原来，这几个聪明的玩家注册了一个用户，名字叫"打狗棒"。

大家登录，围着"打狗棒"狂揍，把"打狗棒"打昏，然后扛过去换取加分——游戏程序有漏洞，无法辨明玩家"打狗棒"与洪七公手中的打狗棒的区别，见到"打狗棒"三个字，就疯狂地送出高分。

当时管理员气哭了：人家游戏有漏洞，你告诉人家嘛，怎么可以钻空子呢？于是宣布加分无效，并开始修补漏洞。

然而，规则一旦出现漏洞，多半不止一个。

聪明的玩家就开始在这些漏洞面前与程序员斗智斗勇。

< 03 >

程序员修补了漏洞，并实施极严厉的制裁措施：但凡利用规则漏洞者，一律注销用户。惩罚不能说不狠，只是效果不理想。

道高一尺，魔高一丈。玩家拉帮结伙，找到漏洞后，先由一个玩家上前违反规则，获得奖励后，迅速把战利品送给同伴。这样一来，虽然违规用户被注销，但所获得的高分或奖励已传递到了同伴手中，玩家毫无损失。

管理员果断制定新的惩罚措施：但凡接受违规同伴奖励品的用户，一并注销！这个措施够狠，但效果也更差。

制定了新的惩罚措施之后，获得高分奖励的玩家数量更多了。为什么呢？因为玩家太聪明，他们发现关联用户一并遭受惩罚，就改了玩法。

先由一个用户违规获得奖励品，然后把奖励品丢在路边。此后同伴过来：咦，地上有个奖品……人家可没有关联交易。你游戏纵然制定一万条规则，也不能禁止用户随地捡点东西吧？

玩家又赢了。啊啊啊！编程人员陷入崩溃与抓狂。

‹ 04 ›

这两个故事很搞笑，但你从中看到的是人性。

第一个故事中的孩子，完全明白父亲的意思，就是让他每天看电视的时间不可以超过两个小时。

知道归知道，但听到父亲说连续看电视的时间不得超过两个小时，孩子心里立即掀起了波澜——他发现，父亲的话还可以有另外一种解读，规则制定得不严谨。于是他按捺不住，想要展示一下自己的聪明，直到挨了父亲一顿暴打，才终止他的聪明展示。

孩子知道学习是对的，钻规则的空子证明父亲的错误，只会换来暴揍，但孩子就是忍不住。

第二个故事中的玩家，也知道游戏不是这么个玩法，正常玩法都是打怪升级——可是你的游戏有漏洞呀！最易于让人激动的，莫过于在别人的错误面前炫耀自己的智力优势。于是一款好端端的游戏，就变成了玩家与程序员斗智斗勇的平台。

玩家当然知道游戏的正常玩法，但冒着被注销的危险，找到游戏的漏洞利用之，让程序员抓狂的快感太过强烈，让人难以控制。

一半是火焰，一半是海水；一半是天使，一半是恶魔。这就是人性。人性是一维二元的，就是这样纠结！

< 05 >

说事时，我们经常会问对方：你是怎么想的呢？

这时候，对方脸上就会露出极度痛苦扭曲的表情——除非在高压下，否则此时所有人的心情都是非常矛盾的。

他一方面想要配合你，承认你说得有道理，另一方面又执拗地想要说你用的某个字眼是错误的，又或是不周密的。但说这些又会引发无谓的争论，他真的不想争论，却又控制不住争论的疯狂冲动。

家长训斥孩子，老板训斥员工，上级呵斥下级，女孩呵斥男友，凡此种种，你都会在挨训斥一方的脸上看到倔强、强行压抑、不想争辩却又忍不住的悲愤。

人心的一半是合作，另一半是对抗。

并非家长的训斥、老板的咆哮、上级的吼叫、女孩的愠怒真的有什么过错，而是对抗的心让自己变成一个拧巴的样子。

正因为要对抗，要拧巴，所以明知道对方是对的，非要固执抬杠。

有多少美好人生、大好事业，就是在这种抬杠之心、顶牛之意的控制下，毁于一旦。

< 06 >

人与人之间，最难的莫过于合作。

因为人性是二元的，每个人都满怀真诚的合作意愿，但同时又有着强烈的对抗情绪。合作意愿有多真诚，对抗情绪就有多强烈。

越是事业无成之人，越是被这两种对冲的情绪牢牢控制，陷入激烈的内心争斗。

许多人一事无成，却日渐消瘦。他们哪怕是在沙发上躺一天，都会把自己累到半死，就是因为他们的心陷于激烈的争斗，这种争斗消耗了太多的能量，让他们日渐羸瘦。

真正干成事业的人，大多数时间都处于工作状态，大脑不得空闲，这就脱离了内心的争斗。遇事做事，有话说话，活得干脆麻利，痛快爽朗。

这类人，体能没有过多的消耗，心地纯净，纵然活到老，也是生龙活虎，仍然保持着孩童的天真，快乐而自然。

我们应该成为什么样的人？答案不言而喻。

‹ 07 ›

认知人性，学会合作。

人性是一维二元的，有合作要求，也有对抗冲动。哪怕是再圣洁的使徒，也无法逃脱人性的制约。

没有人能够控制天性中对抗的欲望——唯一的解决之道，就是让自己成为谋事之人。

谋事，心无杂念，不求什么合作，也不想什么对抗。所谓合作，不过是你的事业与他人事业的自然对接，双方在这个过程中各取所需，获得各自的成长机会。

如遇对抗，必然不是单方面的。**我们自身并不完美，任何不足都会使我们生出对抗之心。有对抗是正常的，重要的是要学会化解对抗，而非激化对抗。**

化解对抗，首先要认知自身的情绪。

谁不是一边热爱生活，一边不想活了呢？

平静的心、温和的态度、微笑的表情、关注的眼神……所有这些，都会让我们内心的情绪回复到一个平和的状态。

当今人类社会，再也没有孤胆英雄。再小的事业，也需要合作者的鼎力相助。不肯克制自己对抗天性的人，就会被排除在社会化大生产之外，终日怨怼不休，却无法获得他人的认可。

在这个世界上，每个人都在不懈努力，修习人性，改善自我。而我们自己，哪怕事业如日中天，如果不懂合作，只知压制别人，也不会有什么成就。

上善若水，君子不器。静坐常思己过，闲谈莫论人非。从现在开始，放开心中的纠结与固执，自然合作，放弃对抗，走出积愤与幽怨，消弭情绪所带来的错觉，获得充盈着智慧、自由与快乐的人生，才是我们生命的应许之地。

人生漫长，
我只想活得轻松些

< 01 >

以前科学家搞研究，是很原始的。

曾有个科学家，弄来只大猩猩，关在一间屋子里。

他研究的课题是：当无人观察时，大猩猩在干些什么？

现在这项研究根本没必要，只要坐在屋子里，看看监控就全知道了。但当时没有摄像装置，这项研究就有难度了。

再难，也难不住科学家。经过严肃的思考，科学家决定：通过钥匙孔偷偷地观察！

于是科学家蹲下身子，把眼睛凑到钥匙孔旁。

突然，他尖叫起来：啊，吓死我啦！

他究竟看到了什么？

当观察大猩猩的科学家把眼睛凑到钥匙孔旁时，他惊恐地看到一颗好大好大的眼珠子！

他偷看屋子里的大猩猩，大猩猩也在偷看屋子外边的他。他想知道大猩猩在干什么，大猩猩也想知道他在干什么。

大家想到一块儿去了。

人类社会几乎全部的秘密，都在这个粗糙的实验里。

⟨ 02 ⟩

网上热议一件事，有位10岁的小朋友，超级聪明，奥数、围棋、轮滑样样行，考试成绩全班第一，英语口语也很棒。

但是小朋友说：爸妈不配拥有我这么好的儿子。

为啥呢？

小朋友罗列爸妈可怜的物质条件，开的是十几万的日产车，买不起他想要的苹果手机，妈妈只知道拿他当猪养，爸爸到处炫耀他围棋下得好。再有就是爸爸妈妈想生二胎，但孩子认为，爹妈给他的已经严重不足，凭什么再让他分享出去……诸如此类。

好多人就震惊了，啧啧，现在的孩子，一点也不知道感恩。你啧啧个啥啊？就好像你没有过蠢萌年月一样。这个年龄的孩子正处于艰难的心智发育期，正努力掌握对这个世界的观察方式。如果说我们和这孩子有区别，那就是我们在他这个年龄时比他更蠢，说出过比他更狠绝却自以为聪明的话。

千万不要忘记自己的成长经历，否则我们只会在趾高气扬的道德谴责中变得越来越蠢！

⟨ 03 ⟩

个体心理学创始人阿德勒说：失去自我的人，一生中遭遇的困难最多，对别人的伤害也最大。

有的父母，在孩子的成长面前束手无策。有的年轻人，在进入社会时处处碰壁。还有些人，年纪一大把，却莫名其妙地搞出什么中年危机——这事也许不能怪自己，但每个遭遇麻烦的人，确有属于他自己的责任。

这责任就在于我们成长之初，思维明晰且睿智。但不知怎么搞的，有些人长着长着，越来越糊涂，渐而迷失自我，于是陷入无尽的痛苦与悲伤。

不忘初心，方得始终。

你是怎么对待世界的，这世界就怎么对待你——如果你活得稀里糊涂、痛苦不堪，就连自家的孩子都认为你配不上他，那一定是你对待这个世界的方式方法出了问题。

⟨ 04 ⟩

少年时期，我们就如被关进屋子里的大猩猩，紧张地观察四周。

起初，你我心中充满恐惧，唯恐被哪只灵长类动物煮熟吃掉。但慢慢地，我们发现，身边的人并不会给我们带来什么危险，恐惧感减弱，立即恢复蠢萌之态，开始以上帝之视角对这世界评头论足。

那时候，我们会以自身为主体，把四周的人分为四类。

第一类，没用也没趣。

这类人，本事弱弱，趣味寡淡，活得如过街老鼠，灰秃秃的，毫不起眼。他们虽已成年，内心却充斥着巨大的恐惧。他们可能活了很久，实则不过是重复同一天。他们的能力不堪提起，而那满脸的惊恐，一副大难将临，随时准备发足狂奔逃到宇宙边缘的紧张模样，更难让我们喜欢。

电视剧《欢乐颂》中就有这么个角色，叫刘思明。此人靠资历熬成经理，实则毫无作为。无论高管怎么对他耳提面命，他连报告中的错别字都不肯修改。搞到最后他突发脑梗病倒，然后家人一口咬定是公司逼迫所致。

这类人，无趣味也无能力，剧中给出的解决方案是果断开掉——年轻时如此，可以怪爹妈，活到一把年纪了还是如此，那就只能怪自己了。

第二类，没用但是有趣。

这类人，多不过是骗子之流。所谓男人不坏，女人不爱，说的往往就是这类人。我们也知道这类人何等不堪，可有时宁愿被骗，选择让对方绞尽脑汁地满足自己小小的心趣，也不愿意把美好的生命虚掷在没用又没趣的人身上。

这类人是绣花枕头，徒有其壳。所以他们除了为我们带来一时的磨难之外，别无价值。

第三类，有用但是无趣。

有用而无趣，是悲哀的大多数。他们每天都在努力，渴望获得认可。但在爱情上，这类人往往会被视为备胎。在职场上，他们多数会被视为弃子，视为卸磨之后要杀的驴，视为过河之后要拆的桥。我们也知道这样做对他们来说不公正，但相比实用价值，乏味与无趣才是生命不堪承受之痛。

不要说世人冷酷，人生太漫长，大家只想活得轻松些。

< 05 >

网上有个故事，说一个妹子，容貌超美，就是管不住嘴。男友鼓励她勇敢地吃吃吃，只有吃到肥，人生才叫美。

结果妹子把自己吃到肥，然后男友求婚，呈上一枚极小的戒指，妹子肥粗的手指根本戴不进去好吗！

这时候男友才说实话：等我把你娶回家，就可以放心地让你减肥了。反正你已经嫁给我，飞不掉了。

什么？你存心让我吃到肥，就是怕我甩了你？而实际上，你根本不爱肥如五花肉的我？

巨大的羞辱让妹子心中愤慨，当场掷戒指于地，掉头离开。

不好玩，不玩了！

分手之后，妹子又遇到了一个男生。这男孩也不嫌她肥，也不说她胖，只是带着她玩，带她各种跑步、登山、健身。没多久，妹子恢复了原有的苗条与靓丽，幸福地披上了婚纱。

许多人愤怒了，谴责说：妹子，第一个男人只是想让你减肥，你就和他分手了，你却又甘愿为第二个男人减肥，和他结婚，你凭什么这样厚此薄彼？

不凭什么，只因为妹子在第一个男生那里没有获得应有的尊重，不好玩。而在第二个男孩那里，她得到了想要的一切。

< 06 >

第四类，有用而且有趣。

博客时代，曾有位妈妈开博，一下子就火了。

为什么呢？

因为这位妈妈是位全职太太。她喜欢园艺，家里的蔬菜都是自己亲手种植的。她热爱生活，狭小的家被她布置得温馨美丽。她也和其他家长一样，送孩子去各种学习班，但她和孩子一起学。她跟孩子一起学钢琴，一起学滑冰，后来孩子学手工，她迷上了艺术香皂，自己买材料、做研究，还把研究过程贴出来。岂料大火，好多人疯狂要求购买，结果她卖艺术香皂赚到的钱比老公赚的还多，让老公好不悻悻然。

她过生日时，孩子用攒下来的零花钱精心给她挑选礼物，并对她说：妈妈，你是最美的，只有最好的礼物才配得上你。

为什么她的孩子就说不出"爸爸妈妈配不上我这么好的儿子"的蠢话？

因为她真实有趣，鲜活而灵动，所以赢得了孩子及别人的敬重。

< 07 >

有时候，我们太委屈自己了，把最好的东西给了别人，希望别人活得有价值，又有趣；却把最坏的留给自己，让自己活成了无用又无趣的奇怪样了。

为什么要这样委屈自己？为什么？

当关在房间里的大猩猩凑在钥匙孔旁偷看人类时，它把一切看得明明白白。但它仍然是只大猩猩！

我们又何曾例外？看别人时，知道什么是对的，什么是错的，知道人生最好的境界是活出价值，活出趣味。但为什么非要跟自己顶牛抬杠，死活不肯让自己也接受这最好的礼物？

听从你内心的声音，把最美好的东西馈赠给自己吧！

‹ 08 ›

所有那些失去趣味的人生，都充满了无尽的委屈。但这委屈，不是别人带来的，而是自己带来的。

无尽的抱怨与泪水改变不了自己的处境，因为我们没有改变对待自己的态度和方式。

先要爱你自己，知道你我的生命原本就是个美丽的偶然。我们没理由辜负自己，没理由辜负生命的奇迹。

然后找到你喜欢的，同时又能够让别人眼前一亮的东西。这东西一定是契合生命本义，契合人生成长价值的，一定是建设性的，带给别人无尽快乐的。

开始愉悦自己，任何事情，你一旦倾情投入，就会发现其中乐趣无穷。群众的眼睛是雪亮的，于芸芸众生中，他们一眼就能发现那些既有价值又有趣味的人，而后就会无可救药地爱上你。

爱自己，把最好的东西给自己，把颓废与消沉抛到九霄云外。你用苛刻的眼神挑剔世界，这世界也会用苛刻的眼神挑剔你。除非你为自己选择最好的，否则世界不会认可你。这道理如此简单，连不懂事的孩子都知道。但当我们与这个简单的道理疏离时，人生就会变得复杂而痛苦。**复杂不过是心之迷失，痛苦多是自我设限。**就从现在开始，猛回头，人生活到极致，不过是素与简。简约人生，美丽同行，只选择最好的，不委屈内心的渴望，才会见到无尽繁花，盛开于你生命深处的幽林秘径。

恶人夜里不睡觉

< 01 >

腾讯公益推动自闭症儿童慈善项目,只需1元钱,选购一幅这些孩子的画。

这些画带给我们的不仅是美感,更多的是生命认知力,让我们知道,你我的心,与这些"星星的孩子"始终是相通的,怀着同样的温柔、同样的期待,与同样的爱。

活动进行过程中,出现了刺耳的杂音。一些人开始说三道四,质疑公益活动,甚至诋毁公益本身。

这让我想起小时候母亲告诉我的一句话:恶人夜里不睡觉。

母亲说,人在夜里是要睡觉的,但恶人夜里不睡觉,因为他们要在夜里做坏事。

母亲说,恶人夜里不睡觉,是因为他们亏心——恶人也有良知,有良知却做尽坏事。所以他们夜夜辗转反侧,被自己的天良拷问。

恶人夜里不睡,白天时眼睛却是闭着的,所以他们看不到这世界的美,看不到善。越是美的善的,越是让他们如坐针毡。

无法容忍美与善，只是因为他们恶。

⟨ 02 ⟩

2016年，我参加自闭症儿童的公益活动。现场虽然热闹，但我感觉到，无论是我还是到场的许多人，对自闭症孩子的了解是极有限的，而孩子们获得的帮助更是少之又少。

回来后，我找了些书看，才发现关注自闭症儿童，在海外已经成为共识。比如美国畅销小说作家A. G. 里德尔，他把现实中搜集到的相关资料写入自己的小说中，以便让他的读者知道这些孩子的遭遇，扩大社会认知。

里德尔提到雅加达的一位女医生推行自闭症儿童的救助，但是很奇怪，她做了大量努力，反应寥寥。

雅加达有1400万人口，竟然没有自闭症儿童？女医生万难相信，不肯罢休，就带着翻译去乡间查访。

她走过穷乡僻壤，当地人纷纷摇头：没有没有，我们这里没有这样的孩子。

正当女医生无奈放弃时，一个翻译终于被她打动。翻译上前来，让女医生站在后面，然后敲开一扇门，对当地居民大吼大叫，威胁恐吓。

当地人不知他们的来头，被翻译吓坏了，哭着从家里牵出来一个用铁链拴着的孩子。

当地人没有常识，不了解自闭症。他们只是害怕，担心别人知道自己家有患病的孩子，因此伤害自己的家人。

女医生不明白，这些孩子是需要救助的，怎么会连带家人受到伤害？

但当她救助了一批这样的孩子后，就明白了。

当地各种部门找上门来，开始审查女医生的救助方案，各种吹毛求疵，鸡蛋里挑骨头，意在拖延对孩子们的救助，敲诈女医生。

里德尔告诉我们：善并不难，难的是要突破恶的重重禁制，突破那些邪恶的人为救助孩子设置的障碍。

< 03 >

在腾讯公益活动中，那些夜里从不睡觉的恶人是怎样表现的呢？

他们说：一群在生活中对自闭症和弱势群体漠不关心的人，纷纷用1元钱作秀，显示自己的爱心。

以前我们没有参与救助活动，只是因为我们奔波于生活中，对此类人群疏于了解，并非因为我们冷漠——这并不能构成我们此后冷漠的理由！

1元钱的付出，绝非作秀，只是想以自己的微薄之力让孩子们知道，这世界还有温暖，还有爱，还有无数人在关心着他们！

他们说：这个活动纯粹是道德绑架，分享的动因主要是同侪压力，你不分享就显得落伍了。

如果说付出1元钱的善行也称得上道德绑架的话，我希望这样的绑架多一些。分享不是为了制造压力，也不是为了追赶时尚，只是为了告诉自己，我们的心没有变得如发表这种言论的人一样寒冷。

还有人说：会画画的自闭症儿童，比例很低。意思是说，你这一元钱的善意，帮不了他们，还是算了吧！

弱水三千，只取一瓢。我们的能力虽然不足，但只要一个孩子露出笑脸，就是全部。再者说，对这些孩子的救助需要更广泛的社会力量，我们的参与只是往善行之火中添一把柴，出一点力。当关注这些孩子的人越来越多时，这个世界就会呈现它应该有的美丽！

‹ 04 ›

或许有些人会奇怪，如腾讯公益推动的这样的好活动，怎么也会有人说三道四呢？

因为恐惧！

恶人之所以恶，是因为他们无力击败内心的恐惧。这让他们远离了善，变得面目全非，不再像他们自己。

知乎大V"鼹鼠的土豆"曾讲过这么一个故事。

土豆任职的公司里有个女主管，精明刁钻；同一部门里还有两个女同事，相安无事。

土豆个性较强，女主管想夺走她手中的资源，没有得逞，就想撵走她。

于是有一天，女主管当着土豆及两名女同事的面说：我要和我老公离婚！

然后女主管去找上层，大哭大闹，说土豆辱骂她，诅咒她离婚——明明是她自己说的话，居然全都栽到了土豆头上。

而且女主管还有证人——两名女同事出场，异口同声地指证说女主管要与老公离婚的话就是土豆说的。

土豆说不清楚了，不再徒劳辩解，低头说：既然是我说的，那我道歉。

然后，女主管真的离婚了，并带着公司的资源跳槽了。

土豆因为能干，晋升为主管。这时候，两名栽赃过她的女同事才吞吞吐吐地向她道歉，承认上次是她们昧着良心陷害了她。但已经太迟了，公司在查清楚事情的原委后，果断将两名栽赃者扫地出门。

‹ 05 ›

"鼹鼠的土豆"的故事，让许多人感同身受。

女主管想要赶走土豆，还算事出有因。因为女主管想要抢走土豆手中的资源，跳槽单干。虽然动机不良，但多少带点利益驱动，无可厚非。

但那两名女同事的选择就有点离谱了。

在一桩与己无关的事件中选择做坏人，非但没沾到半点利益，最后还落得个身败名裂，被扫地出门，何苦来着？

之所以把自己害成这模样，只是因为她们心里恐惧。

恶人夜里不睡觉，对善无感，只是因为无力应对恐惧压力。面对女主管与土豆的冲突，她们知道实情，但心里害怕——害怕坏人，却不害怕好人。她们认为好人没有伤害力，于是助纣为虐，伤害好人。沦为帮凶，毁掉自己的名誉，并不会因此获得坏人的感激。坏人之所以坏，就是因为他们情感冷漠，不知感激。所以帮凶的结局，无一例外是自尝苦果！

好人的确没有伤害力，但世人心中自有一杆公正的秤。

不信抬头看，苍天饶过谁！

那些推波助澜，诋毁腾讯公益救助自闭症儿童的人，也是这样。

他们知道是非善恶，但已经习惯于攻击善，在恶的脚下瑟瑟颤抖。所以他们违背良知，精心曲解逻辑，任由他们心中的怨毒污染这个美好的世界。

获罪于天，无所祷也。他们的结果，与栽赃土豆的人一样，已经在这个容不下恶的世界里出局了。

‹ 06 ›

500多年前，伟大的智者阳明先生说：知善知恶是良知。

每个人的心中都有良知存在，知道是非善恶，知道什么是应该的，什么又是不可以的。但每个人的心中永远是天人交战，善恶厮杀成一团。恶人是那些内心的善败于恶的人，所以行为颠倒，举止乖张，他们夜里睡不安枕，白天却处于失明状态。只因为他们太过恐惧，迷失了自己。

托尔斯泰说，幸福的家庭总是相似的，而不幸的家庭，各有各的不幸。

幸福而快乐的人，也都是相似的。那些不幸福、不快乐的人，各有各的痛苦与屈辱。

幸福的家庭，或是幸福的人，生活是简单的，选择是正常的。该吃就吃，该睡就睡，该为善行义举添一把薪柴，就立即去做。他们从不违背自己的良知，活得简单而纯净。

那些不幸者，生活异常复杂，他们知道何者是对的，却无力摆脱恶的浸染，总是选择错误，选择邪恶。他们沦为恶人，从此天人交战，活于纠结与痛苦中。他们夜里无法安睡，白天饱尝苦痛。

一如那些对公益活动说三道四的人，他们的选择让他们再一次陷入失落与痛苦。

不要再这样折磨自己了。

走出恐惧，直面内心！只做最正确的事，只选择最美好的。

阳明先生说，无善无恶心之体。**让我们摆脱恶之浸染的最好办法，是要警惕自己的心，警惕那些绑架了自己的欲念**。欲念是个死循环，即使是最邪恶的人，也认为自己绝对正确。正确与否不是我们自己说了算，而要看事件的结果。看你的选择，是否让孩子露出笑脸；看你的行为，是不是导致了弱势的求助者陷于无助之境；看你的语言表达，是不是摆脱了激烈的情绪，或是曲解了逻辑。

智慧是最简单的，只是我们心里的恐惧把现实扭曲，弄到异常复杂。走出情绪的滋扰，走出恶的阴影，堂堂正正地面对这个世界，从此夜夜安枕，快乐幸福，这才是我们自己，才是我们应该过的生活。

评价别人，要记住一点。**每个人都在发展变化中，被你蔑视的，说不定哪天就翻云覆雨、叱咤风云；被你尊重的，说不定哪天就露出龌龊的内心。**

别人对你的评价也是这样。切记不可活在别人的评价中，笑骂由他，人生我自行之。真正有价值的评价在未来，甚至在我们百年之后。

如果你对了，那你就错了

< 01 >

硅谷投资人本·霍洛维茨在哥伦比亚大学演讲时说：每个人都想听到"真实或正确"的东西，最不想听到的就是与认知系统相违背的观点。然而，所有我们已经相信的东西中，已经没有任何价值可以被创造。

这句话的意思是说：如果你对了，那你就错了。年轻人都应该听听这句话，这有可能彻底改变你的人生。

英国有位老兄，名叫戴维·斯莱特，是个快乐的摄影师，天天在野外远足，拍山河，拍大地……但他最喜欢拍的，是动物。

有一年，他来到了印度尼西亚的热带雨林，遇到了当地"居民"黑冠猴。

戴维观察黑冠猴，黑冠猴也严肃认真地观察他。他拍摄黑冠猴，黑冠猴也做出拍摄姿势，对着他咔嚓咔嚓。

戴维突发奇想，黑冠猴如此聪明好学，何不教它们自拍呢？

戴维万万没想到，这个好玩的想法让他的人生从此坠入噩梦。

⟨ 02 ⟩

说教就教。戴维开始自拍,黑冠猴们就环绕四周观察他。等感觉猴子们学会了,他就放下照相机,让猴子们拿去模仿。

黑冠猴开始自拍。大多数照片不成功,但还有几张异常生动,非人力所能及——只有聪明的猴子,才有这样完美的自拍。

戴维喜出望外,火速返回人类世界,开始出售那几张猴子自拍照,卖了1000英镑出头。

正当戴维心花怒放之时,他接到了法院的传票。他被告了,告他侵权——是那只黑冠猴告的他。

戴维彻底蒙了,黑冠猴怎么会下山来告他?

仔细一问,戴维才知道,黑冠猴仍然在热带雨林中,但美国有个"猴权"组织——全称是善待动物组织——认为,戴维私自出售猴子自拍照的行为,严重侵犯了猴子的肖像权。

他们看不下去,全球撒网,上天入地,踏破铁鞋,最终在森林中找到了那只自拍猴,又不知怎么的完成了对猴子的维权代理,然后把戴维告上了法庭。

当时戴维就崩溃了,印度尼西亚的猴子,美国的"猴权"组织……自己可是英国人!这都哪儿跟哪儿呀!

可是没办法,法律就是法律,戴维只好上法庭,替自己辩护。他说:本案严重不对劲,你们找来的这只猴是只公猴,而我卖的自拍照上的猴子是只母猴。都不是一只猴,你们凭什么告我?

但"猴权"组织岂肯罢休,一口咬定是同一只猴,于是各种专家出场,在法庭上秀存在感。各种技术指标测试与验证,努力证明这是同一只猴子。

就这么没完没了地折腾,戴维疲于奔命地打官司,根本无暇谋生，渐而债台高筑，生活陷入窘境。

< 03 >

官司打了整整两年。

最终，法官落槌：此案太不正经了，现在宣布，植物、动物没有肖像权，戴维的行为不能算侵权。但是，戴维也不能拥有猴子自拍照的版权，所以那几张照片，大家都可以用。

这官司打的，对方没赢，戴维也输掉了。

记者冲上前来：请问戴维先生，你对本案的判决有何看法？

没有看法，戴维哭着说：我现在只想求各位老少爷们给咱介绍份工作。我就是教猴子玩个自拍，招谁惹谁了？居然被搞到没饭吃。

戴维究竟犯了什么错？他什么错也没犯，所以才错了。

他遇到的事情，根本就不是个对错问题，他应该考虑的是如何迅速解决这件事，回到自己的正常生活中。但他咽不下这口气，努力想要证明对方错了，这恰中对方之下怀。实际上对方根本不关心对错，只是想拖死他，从而证明自己才是猴子的贴心人。

他执迷于找出对方的错误，为此失去了两年的人生。

< 04 >

英国有个妹子叫艾玛，是个餐厅经理，35岁了，还没有男朋友。

于是她注册登录社交网站，想找到自己的真命天子。运气就是这么好，她注册之后，就收到了一名34岁男子卢克希纳的私信。一看对方照片，艾玛立即瘫软了。

对方竟然是个身材劲爆的美男子，职业是模特，经常在世界各地游走，而且聊天时满含温情，学养深厚。艾玛坠入了情网。

网恋一年，开始谈婚论嫁。正要准备婚纱时，艾玛突然想起一件事：网恋一年，卿卿我我，可双方从未见过面。好几次她提出约会，对方总是找理由推脱。

艾玛终于起了疑心，把对方发来的照片传到网上，进行搜索。不出所料，卢克希纳是个骗子！他偷盗了别人的照片，冒充模特，骗取艾玛的感情。

假冒模特的网上骗子其实是个55岁的男人。被戳穿后，他委屈地解释说，自己并没有恶意，就是条件不太好，如果以真实面目上网，妹子们根本不会搭理自己。

可是艾玛关心的不是这事，而是这些照片，他是从哪儿偷来的？

艾玛继续寻找，终于找到了照片上的男子本尊。联系上对方之后，艾玛把自己的遭遇告诉了对方，让对方知道他被盗了图。

对方表示感谢，然后两人就聊了起来。先打字，后语音，再视频……再后来，两人走到了一起。

然后艾玛把自己和男友的照片发给最初冒充男友的那位老兄。那老兄还能说什么？只能说声祝福。

⟨ 05 ⟩

艾玛的故事，让有些朋友黯然神伤。

他们觉得，艾玛应该原谅第一个伪装者，并与他携手共浴爱河。美女应该给那些不自信的男人一条生路嘛，对不对？

错！

艾玛及时止损，迅速从沉没成本中跳出来，这是非一般的智慧。事实上，在她的选择清单上，根本没有伪装男的位置，根本谈不上原谅或是愤怒。她摆脱问题表象的困扰，不纠结于是非对错这些枝节，而直扑问题的本质，最终与心爱的人相遇。

在是非对错这些问题之上，还有一个更高价值的存在——人生的幸福。

⟨ 06 ⟩

不成熟的人，对是非对错异常敏感。

遇到事情时，他们的大脑迅速运转，将问题一分为二，一部分是对的，而另一部分是错的，然后他们选择正确的——这些人的人生，都会输得极惨。

不是说人类社会没有是非对错，也不是说是非对错不重要，而是对错敏感，只是人类低幼时期的记忆。

我们幼年时，缺乏自我保护能力，所以父母会给我们立下规矩，比如不许爬出摇篮，爬出来就会受惩罚，待在里边就会有奖励。

当我们长大时，就应该知道，并不是爬出摇篮是错误，而是幼婴儿时期的我们没有能力保护自己。可有些人，一生的观念停滞于此，年纪一大把还趴在摇篮里不动，对世事的观察研判也停滞在里面。品评世事，唯有对错观念。

这些人，就成为硅谷投资人本·霍洛维茨所说的对错敏感者。他们一生充满了正确，但他们的人生完全错了。

爬出摇篮，走出肤浅的对错认知吧。

比是非对错更重要的，是人生价值。

价值性思考，并非没有是非对错，只不过维度更高。

无法突破的人，一如摄影师戴维，花费两年之久站在法庭上，跟猴子争长论短。他想证明自己是对的，更想证明对方是错的——可这些根本不重要。

顺利成长、突破低幼认知者，如美女艾玛。她不和伪装者纠缠，不品论世事对错，而是迅速止损，捕捉更优质的人生目标。

‹ 07 ›

古老的智慧相传，只有16个字：人心唯危，道心唯微。唯精唯一，允执厥中。

一个人没有起码的是非对错观念，是悲哀的。但如果他年纪一大把了，仍停滞于对错敏感期，则是比悲哀更悲哀的事。

人是需要成长的。成长，就是否定之否定，先掌握一种观念，而后超越之。正如一个人先成为胎儿，而后婴儿否定胎儿，幼儿否定婴儿，少年否定幼儿，青年再否定少年……如果生理成长停滞于某个时期，这叫畸形。

生理畸形是可见的，是需要我们以慈悲之心关爱的。但心理畸形往往难以察觉。所以圣人说：毋意，毋必，毋固，毋我。

为人处世，不臆测，不绝对，不固执，不自我，总之就是不要陷入情绪中，死抱着一个念头或是想法不撒手。万千大道理，不过一句话：做人要通透，懂得随应时局而变化。 如果有什么需要我们坚守的，那一定是我们心中的理念，而非人际博弈时的态度或方式。

大道长存，智慧永恒。人性规律是我们生存环境的一部分，时刻都在以各种方式演变。无论你在英国、在美国还是在自己家里，总会看到人性规律在起作用。我们都曾走过漫长的路，见过人性的种种表现，已拥有足够的观察能力，把这些散落于生活各处的枝节汇总并总结。

时代在变，人性永远，只要我们愿意用心，就会发现，生活中的许多问题，不过是我们此前的慵懒与逃避导致的，不过是因为我们趴在摇篮里不肯挪窝。当我们愿意面对自我时，就会发现人生处处充满了妙趣，处处充满了展示生命灵性的柔软与智慧。

王阳明 vs 季羡林：坏人最爱圣母心

‹ 01 ›

500多年前，阳明先生说：人皆可以为尧舜。

无论你是谁，只要你愿意，都可以成就事业，成为了不起的人。

但是，500多年后的今天，看尽世事、饱经沧桑、学富五车的国学大师季羡林老先生说：坏人是不会改好的。

季老先生说：天下哪里会有不变的事物呢？哪里会有不变的人呢？我观察的几个"坏人"偏偏不变。……我简直怀疑，天地间是否有一种叫作"坏人基因"的东西？……我但愿有一个坏人改变一下，改恶从善，堵住了我的嘴。

那么，是阳明先生错了，还是季老先生看花了眼？

我们对人性，究竟应该持何种认知？

< 02 >

有天晚上，去赴朋友的酒会，来接我的朋友在路上讲了个故事。

他家以前有个保姆，粗手大脚那种，干活很利索。

保姆实际上只算是钟点工，每周来家里三次，帮忙打扫屋子，偶尔也做做饭。她蒸的馒头非常好吃，一样的水一样的面，一样的火候一样的蒸锅，但她蒸出来的馒头味道就是不一样，孩子最喜欢。

时间久了，家人才知道，这位保姆以前也读过书，专业是幼师，毕业后在幼儿园照顾小朋友——也曾年轻漂亮，不乏爱慕者。

她对所有的追求者冷若寒冰，却偷偷爱上了一个男人。

她担心男人太高傲，不肯接受她，就主动表白，最终与男人在一起了。

然后，她才感觉情形有点不对。

< 03 >

那个男人开了家电器专卖店，每天提货的人排成长队，堪称日进斗金，财源滚滚。

姑娘认定，这男人有如此商业眼光，如此过人魄力，绝非凡夫俗子。

等嫁过去，才发现情况跟她的判断完全相反。

这位仁兄，实际上是个大大的懒汉，懒到油瓶子倒了都不肯扶的地步。他以前有工作，因为懒得上班，花点钱买断了工龄，过起了自由自在的日子。

没多久，他的钱就花得一干二净。但他运气好，家族里有位大伯，在南方做大生意，给他投资置办了门脸，又让他替自己销货。当年电子产品非常紧俏，所以店铺生意兴隆，赚钱易如反掌。

但他实在太懒了，懒得做生意，懒得赚钱。姑娘刚搬过去那天，老兄就关门停业，晚上带姑娘逛街，白天关起门来睡觉。门外许多客户等得焦急，用力拍门板。听到动静，男人就会怒吼一声：滚，别打搅老子睡觉！

开始时，姑娘还以为男人是因为太爱自己，才关门歇业的。等到生下孩子，发现男人仍然高卧不起，既懒得做生意，也懒得干家务，她这才有点急，就劝丈夫。

这一劝，丈夫突然翻脸，破口恶骂。她吵了几句，男人跳起来，抡圆了手臂，啪！狠狠地给了她一记耳光。

家暴就这样开始了。

‹ 04 ›

当地又开了几家电器销售店，眼巴巴地等在门外的客户越来越少。男人置若罔闻，不为所动。

开销日渐紧张，姑娘有点慌张，就顾不上被老公打得鼻青脸肿，自己出来照顾生意。可是由于关门太久，客户流失殆尽，生意一落千丈。

但女人终究肯吃苦，一个人支撑店铺，慢慢地有了点起色。

但丈夫露出本性，开始赌博，把她辛苦赚来的钱输得干干净净。

她甚至不敢劝——赌场无父子，赌徒无亲情。当赌徒丈夫拿钱出门时，妻子哪怕脸色稍有怨愤，立即就被暴打一顿。

家境日渐不堪，纵然妻子再努力，也抵不住男人狂赌，很快就落得个吃了上顿没下顿的处境。

没钱也有没钱的好处。没钱后,嗜赌的丈夫居然变安生了,老实待在家里,说话也轻柔了,也不殴打她了,甚至当面向她认错。

丈夫发誓戒赌。

那一夜她痛哭流涕,以为自己的千缕情丝、万种柔肠终于让浪子回了头。

感动中,闻到了浓烈的烟味。

抬眼望,四面是熊熊的火光。

死里逃生之后,她才弄清楚,浪子回头的丈夫那天夜里抽完烟,随手把烟头扔进了废纸篓,引发熊熊大火,把家和店铺烧成了残垣断壁。

她当时穿着睡衣,赤脚立于长街,拉着吓呆了的孩子,斥责了丈夫几句。丈夫勃然大怒,一拳把她打倒在地。她的脸紧贴在冰冷的地上,而她的心比地面还要冰冷。

死心了。

‹ 05 ›

她带着孩子离开丈夫,来到北京,从此做起钟点工。

当年花月青春的幼师竟然沦为北京城的粗糙保姆,雇主们长吁短叹。

吁叹过后,雇主们就感觉,她这样下去也不是个事,保姆也好,钟点工也罢,收入实不足以让她安身立命,更无法给她的孩子一个幸福安全的未来。

帮帮她,问问她有什么技能。

她两眼迷茫：我一个女人家，能有什么技能？要是我老公不那么懒，就好了。

雇主斥骂她：这就叫执迷不悟，那个男人把你害成这样，你还想着他？你谁也指望不上！只能靠自己！

可是我……真的什么也做不了。

她满脸麻木、绝望。

真的，这个从幼师成为保姆的女人，什么也做不了。

讲这件事的朋友说，这是他全家人的观点和看法，只有孩子不同意。

当时孩子大声喊：你蒸的馒头好吃，我们班的同学都想吃。你怎么不卖馒头呢？

一言惊醒梦中人。当时保姆就呆住了：对呀，我怎么就想不起来卖馒头呢？

有些人之所以沦落至贫寒，不是因为他们懒，也不是他们笨，而是他们不知道自己能干什么，该干什么。

困境中的人，不缺少大道理浓鸡汤，就缺个人替他们指条明路。

孩子一句话点醒保姆，从此家人后悔不迭。家里失去了一个能干的保姆，而且再也吃不到保姆蒸的馒头了。

⟨ 06 ⟩

前段时间有个热帖，说北京摊煎饼的大妈月入3万。这个数目，丝毫不夸张，因为改行卖馒头的保姆，3年之后就买下了附近的一家饭馆。先是雇了一个厨子，过了半年又雇了一个厨子。到得朋友说这事时，当年的保姆已经拥有三个门脸，手下有几十号人。

她带着孩子衣锦还乡，本意是想找回丈夫，再续前缘。但回来之后，再也不提这事，而是听儿子安排，嫁给了儿子的数学老师。

听人说，她的前夫已落拓不堪，但仍然那么懒，仍然那么坏，见面就满脸怨毒，破口大骂，骂她在北京那么久，一定睡过许多男人，绿了自己。幸好她已非当年的她，早有自保预案，在儿子的帮助下，彻底摆脱了这个男人的纠缠。

‹ 07 ›

朋友说，由保姆转型的女老板曾经说，有些所谓的好人，只是没有机会做坏事罢了。她年轻懵懂，所嫁非人，遇到了坏人，险些搭上自己的一生。经历了人世坎坷的她，完全有办法让前夫洗心革面，变成好人。只不过，成本太高！

坏人变好，必须要有强大的外力。如古人所说：恶人自有恶人磨。如果想让坏人幡然悔悟，就必须比坏人更狠，用比坏人更阴险、更毒辣的手段摧残他、蹂躏他，让他感受人世险恶，生不如死。这时候坏人只渴望从苦难中获得拯救，根本没心思琢磨害人的事。

只有在这种情况下，坏人才不敢再做坏事。

可是你变坏了！

一旦你为了改造坏人而让自己变坏，就断了自己的向善之路，就会落得个与坏人一样的结局，生活中再也没有欢笑，没有希望，只有怨毒之火，灼烧着卑劣的心。因为你坏，所以不会有真诚帮助你的朋友，不会有天伦之乐，人世间一切的美好，从此与你无缘。

你不是圣者，不是佛陀。坏人之恶，你度不了。

< 08 >

阳明先生说，人须时时秉持向善之心。

但是，万不可太圣母心，存有做救世主的贪婪妄念！

理论上来说，每个坏人都有向善之心，只要方法得当，就能够感化他——但你未必有那么深的德行，未必支付得起惨烈的成本。

儒家称：修身，齐家，治国，平天下——凡事循序渐进。一个人**对社会的最大功德，莫过于先行拯救自己，让自身强大，不成为别人的负担或麻烦**。当你能够主宰自我命运时，才有能力保护家人，让家人生活在安全与幸福中。再之后才是社会价值的实现，治国也好平天下也罢，反正你有钱有闲，由你折腾。

一屋不扫，何以扫天下？

最怕的是自保尚且不暇，却想入非非，去拯救他人。

圣母心之所以屡遭碰壁，是因为沦陷于黑暗中的坏人，圣人拯救不了，神佛也拯救不了，只有自己才能拯救自己！一个人能够拯救自己，给家人幸福平安的未来，这已经是功德无量了。懒而且坏的人，必须要自我觉醒。拒绝觉醒的坏人犹如可怕的黑洞，无论你付出多少，都会被吞噬殆尽，连同你的青春、生命、爱与善，所有美好的希望，都会被吞噬。

生命太短，必须要把时间花费在美好的事物上，才不负一生。**切记不要轻易对别人说原谅，你没资格原谅任何人，任何人也没资格获得你的原谅**。你人生中唯一需要的就是自立自强、自尊自爱，除此之外的一切，都与你无关。

多认识些朋友，一辈子朝他们借钱

< 01 >

人生有两大主题：成功与幸福。

成功学风行之时，有句话我们耳熟能详：强者谈成功，弱者说幸福。

于是整个社会都在说狼性与羊性，说穷人思维与富人思维。

但什么事都不可走极端，如果一个人直眉楞眼地奔着世俗意义的成功冲过去，先不要说成功的概率不确定，就算真的成功了，就一定能够获得幸福吗？

有部电影叫《天才少女》，专门讨论了这个问题。

< 02 >

7岁的小女孩玛丽是个数学天才，痴迷于研究数学。但是孩子的监护人——舅舅弗兰克，非要逼小姑娘去读普通小学。

小姑娘不想去，嫌同学们太蠢。

舅舅说：去吧，你要多认识些朋友，以后就可以一辈子朝他们借钱了。

就为这理由去上学，脑洞真是……太清奇了。

小姑娘到了学校，小宇宙爆发，轻松碾压女老师。

学校里有一个大孩子欺负小朋友，小姑娘玛丽怒了，当场把那个可怜的大孩子打到爹妈认不出。

校方高度紧张。叫家长！

舅舅弗兰克到了学校，校长指控玛丽的校园暴力行为。弗兰克坚决支持外甥女，对玛丽的惊人战斗力深感欣慰。

校长很闹心，诚恳建议弗兰克把玛丽送往专门招收天才学生的学校。

弗兰克变了脸：没钱！

校长：我们可以帮孩子申请助学金。

弗兰克：不要！只希望玛丽过普通人的生活，就这样每天撸猫吸狗，蛮好。

嘿，这个舅舅，玛丽可是数学天才啊！他这种奇怪的教育观念，会耽误孩子的。

真让人替孩子着急。

‹ 03 ›

舅舅弗兰克的生活条件很差很差。天才外甥女玛丽，没有自己的房间，想学钢琴，弗兰克也买不起。

而且弗兰克还跟玛丽的女老师滚了床单，被小玛丽当场发现。

就在这一塌糊涂的环境中，玛丽的姥姥来了。

玛丽的姥姥，就是弗兰克的妈妈——为图方便，我们称她为弗兰妈好了。

当弗兰妈出现，我们才知道，原来弗兰克的姐姐，也就是玛丽的妈妈，当年也是赫赫有名的天才少女。但是这姑娘除了拥有数学天才，人情世故一概不懂，恋爱都不会谈，遇到个男人就怀孕了，生下女儿玛丽，然后就在弗兰克家里自杀了。

玛丽的母亲为什么会自杀？

你很快就会知道。

< 04 >

弗兰妈出场，给天才外孙女带来了电脑，以及高深的数学专著。但那些难死数学教授的生涩书籍，小玛丽6岁前就全读懂了。

姥姥的到来，让小玛丽又开始思考人生，研究数学。

万万没想到，舅舅弗兰克坚决不允许。

舅舅带着玛丽出去玩，给孩子灌输各种混吃等死的观念，不希望小玛丽的数学天才发挥出来。

可是姥姥希望外孙女成就事业，就带着小玛丽去学院。结果，小姑娘当场解出超高难度的数学题，看得头发斑白的老学者恨不得一头撞死。

至此，弗兰妈与儿子弗兰克在教育小玛丽的事情上产生了尖锐冲突。

姥姥觉得，应该让小玛丽做自己喜欢的事，研究数学。

弗兰克认为，去你大爷的数学吧，这做人呢，就是要该玩就玩，该学习时……也尽量多玩。总之人生干吗要折腾自己，混吃等死，哪儿就不好了？

母子的观念发生对撞。为了争夺对小玛丽的监护权，闹到了法庭上。

上了法庭，弗兰克的真实身份暴露，让观众大吃了一惊。

< 05 >

影片中，弗兰克是个无业游民，吃了上顿没下顿那种。但在此之前，他是个名校的教授！

可是他不干了，觉得当个教授，传道授业解惑，不如混吃等死爽快。

不仅弗兰克背叛了学术，就连那谁，姥姥的老公——一位70岁高龄的老学者，也跟弗兰克一样，背叛了学术，自己跑到荒山野岭，弄了块地，养了一大群马，成为一个天天铲马粪的老牛仔。

再加上小玛丽的母亲的自杀，诸多事件凑在一起，才让人们从一个宏观的视角重新审视弗兰克与母亲教育观念的冲突。

弗兰妈，是个意志果决、目标明确的女人。

她的观念很简单：自家人基因不凡，下个崽就是天才，所以不可以浪费这么宝贵的智力资源。儿子也好女儿也罢，天赋更高的外孙女小玛丽也好，必须要目光炯炯地奔着青史留名而行进，科学的殿堂里必须要挂上自家人的相片。

她这个想法真的蛮好，可是她自己不干，把活交给老公、儿子和女儿。

于是老公、儿子和女儿都按照她的规划和节拍，于科学的崎岖小路上吭哧吭哧地向前冲。

冲啊冲，冲啊冲，冲着冲着大家就感觉不对劲了。

在这个冲刺的过程中，大家丢失了比成功更重要的东西。迷失自我，失去了幸福的质感。

‹ 06 ›

第一个崩溃的，是小玛丽的妈妈，也就是弗兰克的姐姐。

她在生下女儿之前已经解开了最尖端的千年数学难题，可是她不开心。

她没为自己活过，搭进去青春、快乐、爱情，只为母亲炽烈的功名心。纵然她公布了自己的研究成果，第一个出来抢镜的一定是她的亲娘。她认为母亲的教育方法不妥当，成功应该是为了得到幸福，而她在成功的道路上，没有感受到丝毫幸福。

怀着对母亲深深的怨恨，她自杀了。

死前留下遗言，她的研究成果必须要在母亲去世后才可以公布。就是不想让冷酷的母亲得逞。

她希望弟弟弗兰克监护自己的女儿，别让母亲抢走女儿，别让孩子沦为祖辈人追求名利的工具。

姐姐的自杀让弗兰克深切地反省人生，从此他不再认可母亲的教育观念，发誓要让小玛丽得到幸福。

而且，弗兰克也开始思考自己的人生，意识到他从不曾为自己活过。

他要找回自己！于是辞去名校教授的工作，成为一个落魄潦倒男。

还有弗兰妈的老公，那位未在影片中露面的70岁的老学者，他也是在冷静思考之后，意识到自己白活了。自己真正的愿望，是面朝大海，春暖花开，劈柴喂马，思考粮食和蔬菜。

总之，大家全都想明白了。不陪你玩了。

只有弗兰妈，意志坚忍，执迷不悟。

< 07 >

影片中，弗兰妈成功地夺走了外孙女小玛丽，并扔掉了小玛丽最喜爱的独眼猫。

可怜的猫，招谁惹谁了？

于是弗兰克先去抢救独眼猫，还要再跟智商超高的母亲斗智斗勇，夺回小玛丽，使这位天才少女避免重蹈母亲的覆辙。

弗兰克能否达到目的？独眼猫能否重回铲屎官身边？小玛丽能否冲破狠心姥姥的罗网，获得幸福？

想知道这些问题的答案吗？自己去看片吧。别忘了带上孩子！

< 08 >

教育，不是给孩子设计人生，是唤醒孩子的灵魂，让孩子发现自己。

如影片中弗兰妈那样的长辈或父母，我们身边并不少见。

这些人有个共同点：代偿感特别强烈。

什么叫代偿感呢？

弗兰妈的表现就是有着十足代偿感的体现。她以为孩子是自己的一部分，自己有什么缺憾，孩子就必须替自己弥补。她好想在科学殿堂里占有一席之地，就逼着全家一起疯，结果弄得全家人或自杀，或逃亡，或落魄，把好端端的人生搞得鸡飞狗跳，她却振振有词：我是为你好！

于今世上，最害人的，莫过于这句话！

每个人的人生，只属于自己。

优秀或是成功，这些并非人生的目标，而是获得目标的手段！

我们所有的努力，都是为了此生的幸福。之所以说优秀，谈成功，那是因为有时候，我们内心太软弱，充满了迷茫和困惑，于现实的压力下不堪负荷。所以我们要强大起来，并于强大的过程中充盈人格，回归自我。

但有时，我们会陷入买椟还珠的蠢笨中，过于执迷手段，而丧失了目标。

过犹不及，人生最怕极端。

极端而偏执的人生，多是把手段视为目标，越是倾情投入，越是距离幸福遥远。

幸福幸福，是由幸运与福泽构成的，幸运是外部世界的偶然，而福泽来自我们内心的智慧。**拥有持续的好运是一种能力，不仅需要具有足够强的专业能力，更需要对人性与世事规律的深刻洞察。**

我们每做一点努力，都必须获得心灵上的无限愉悦，如果努力只是带来更大的压力，那我们就迷失了方向。切合于幸福本义的成功，不仅能够引领我们登上人生顶峰，还能够让我们于事业顶峰回归日常生活。居朝无宠，居野无惊，有酒则仙，无花恬淡。无论是灯红酒绿，还是寂寞凭栏，都不失内心喜悦，始终保持赤子之心。只有内心源源不断的智慧，构成深厚的福泽，才能让我们的旅程不再迷失方向，才能够一蓑烟雨任平生，也无风雨也无晴；才能够意悠然，心常欢。

比坏人更坏，才能做个好人

< 01 >

美国其实是由一批欧洲清教徒移民建立起来的。

清教徒主张自律、克制、勤俭、忍耐，反对奢华纵欲。而且他们坚信，这种信念会让美国变得更好。为了达到这个目的，他们不遗余力地推广这种正直纯净的生活态度。

在清教徒的努力下，黑帮势力崛起，酒鬼满大街。

为什么会这样呢？因为人性！

到底什么叫人性？跟你想的正相反，这就叫人性！

你想什么不重要，你想不想也不重要，重要的是你要记住：**人性和你的思维的运行模式恰恰相反。**

如果还不明白，就请驴先生来解释。

< 02 >

开心麻花有部电影,叫《驴得水》。这部影片中的角色,充满真诚的理想,所以他们把美好的事物彻底弄砸了。

《驴得水》的故事是这样的:民国年间,老校长带着漂亮女儿、一名女老师、两名男老师,来到干旱缺水的穷乡僻壤,矢志兴办教育,改变乡村落后面貌。

两名男老师,分别追求校长女儿和女老师,一人一个,很和谐。

只是薪资太少,吃不够穿也不够,又没教育经费。

老校长说:行大事者,不拘小节。

于是把一头拉水的驴注册为在职教师,起名吕得水,也领一份薪水。所有花销,统统从这头驴的薪水中支出。

虽说以驴为师,有点怪异,但为了理想,为了未来,适时地变通一下,也没什么不妥嘛。

然而,这点小事很快引来了大麻烦——教育部来了个特派员,要检查驴老师的工作。

< 03 >

实际上,教育部的特派员早就知道吕得水老师是一头善良的驴,但佯装不知,只是按流程要检查工作。

老校长和几个手下顿时麻爪了。

鸡飞狗跳之际,抓了个恰好来到学校的铜匠,请求铜匠假装驴老师,蒙混过关。

铜匠一听,还有这好事?坚决不答应。

铜匠不肯配合,老校长急得团团乱转。这时候,女老师站出来:我来,我有办法说服他。

　　追求女老师的男老师顿时神色大变,但女老师并没放在心上。

　　因为他们所有人想的是:事情到此为止,等用铜匠唬过特派员,大家该干吗还干吗,不会有什么后患的。

　　一团混乱中,特派员终于见到了假扮老师的铜匠,很满意。

　　特派员说:驴老师,你太了不起了。教育部之所以派我来见你,是为了树立一个模范典型。有个美国人,他拿出好大一笔奖金,每月3万元哟,专门奖给你。

　　哇,老校长和老师们全都惊呆了。驴先生的薪水,竟然比大家高出100倍。

　　可驴先生的薪水归大家支配,这绝对是好事。

　　万万没想到,这件好事,很快就变成了坏事。

＜ 04 ＞

　　有钱了,但追求女老师的男老师放弃了理想。因为女老师拒绝了他。

　　他开始大吵大闹,此前团结一心的群体出现了裂痕。

　　紧接着,铜匠的老婆找了来,在学校对女老师大打出手,不依不饶。铜匠却一直含情脉脉地看着女老师。

　　女老师不得不厉声呵斥,让铜匠死了这条心。铜匠对女老师由爱转恨,眼中流露出无尽的怨毒。

　　这个节骨眼上,特派员又回来了,带着兵带着枪,还有出资的美国人,要亲眼看一看驴老师。

没办法了，大家只好实话实说。根本就没有吕得水老师，只有一头驴。大家这么做，只是为了在艰难的环境里坚持理想，兴办教育。

特派员的回答是：没有驴老师，也得有。

因为美国人每月掏出来的钱是10万，教育部的兄弟吞掉7万，给了学校3万。就算你学校不想要这3万，教育部的兄弟们也要要，而且一分不能少。

所以，必须把铜匠找回来，把戏演下去。

< 05 >

铜匠来了，但提出个要求：羞辱拒绝了他的女老师，否则不配合。

为了把这所惨淡的学校继续办下去，校长亲手铰掉了女老师的头发，而追求女老师失败的男老师上前，恶毒地辱骂女老师。

为了理想，女老师疯掉了。

大家继续演戏。

为了理想，老校长跪在女儿脚下，恳求女儿配合，假扮铜匠的妻子。

女儿被迫答应了。然后，铜匠得寸进尺，要和校长女儿举行婚礼。

老校长当然不答应，立即被绑起来。

手脚被反缚，嘴巴被堵，老校长满脸困惑与茫然。只是为了理想，坚忍地在落后的乡村兴办教育，怎么会弄到女老师被逼疯，而女儿又被迫嫁给一个狡黠奸诈的乡民呢？

事情是怎么走到这一步的？

< 06 >

在老校长及几位老师心里,人性或社会规律是一根筋式的。我怎么想,事情就会有个什么结果。

我有理想,要在乡村兴办教育,为了这个伟大目标,撒点无关宏旨的小谎,这有错吗?

好像没错。但人性,跟你想的正相反。

一个人的时候,人性是没什么意义的,只有在人际互动中,我们才谈论人性。所以,人性不是看你怎么想,而是看人际的互动。

人际互动,是博弈态势的。好比下棋,你当头炮,对手马来跳。你每走一步,对手都会堵住你的路,利用你的小失误逼宫将军。

当老校长自作聪明地利用一头驴来吃空饷时,特派员心知肚明,于是他立即抓住机会,步步逼宫。拿这头驴骗美国人,自己拿大头,把责任全扔给老校长——你有理想,他们就绑架你的理想,逼你无限付出。你稍有小过,他们就扩大你的错误,从中渔利,并让你死到不能再死。

别抱怨坏人太坏,如果你只有理想而没有脑子,就会被人家玩死。如果你不比坏人更坏,就赢不了他们!

< 07 >

影片的最后,铜匠的凶悍老婆大闹婚礼,救了老校长的女儿。

带钱来的美国人难以置信地摊开两手,说道:不可思议的中国。

但这句台词,真的太矫情了。我们在影片中看到的,是普遍的人性,而非中国所特有。

前面说过了，从欧洲来到北美殖民地的清教徒自律、克制、勤俭、忍耐。而且他们认为，人人都应该像他们一样，过这种高尚、有品质的生活。

所以他们有着极强的道德优越感，在1920年通过了禁酒令。大家都甭喝酒了，从此清心寡欲，做个有道德的人。

然而，人性和他们想的恰好相反！

禁酒令的颁布，导致美国酒徒数量激增，此前滴酒不沾的人现在都想品两口，喝两杯，享受一下突破禁令的愉悦快感。结果禁酒令实行期间，美国的酒品销售量上升了50%。

此外，美国原本没有什么黑帮，因为黑社会没有长期赢利项目，玩一玩只能散伙。可是禁酒令让黑道人士看到了希望，看到了机会，纷纷进入贩私酒行业，大发横财。于是黑帮势力崛起，四处开枪，抢男霸女，把美国弄得鸡飞狗跳。

此时美国人才醒过神来：人性如驴。与其堵，莫如疏。

‹ 08 ›

正如20世纪20年代的美国，《驴得水》中的几位有抱负的老师之所以弄到疯的疯，逃的逃，错误不在于他们的理想，而在于他们心中有种清教徒式的莫名的道德优越感。

影片开头就借演员之口说：我们来到乡村，就是为了改变农民们的贪、愚、弱、私！

明明自己也是普通人，却一副高高在上的样子。

贪、愚、弱、私四个字，哪个字不是人性？

虚假的道德优越感总会让有些人飞蛾扑火般地对抗人性。与人性对抗，怎么会有好结果？

你的道德标准只属于你，只限制你。不要用你的道德标准绑架别人的利益，否则必遭反噬。

< 09 >

人类的思维是直线式的。我如何做，就会得到如何的结果。

但人类社会是博弈态势的，无论你怎么想、怎么做，多半都会落得相反的结果。

这就是人性，就是我们常说的社会规律。

千万不要和规律抬杠。

你的理想，你的愿望，你纯真善良的心，都必须建立在这个规律之上。如果你不接受这个规律，一心闭着眼睛，沉浸在自己的梦呓中，规律就会毫不留情地惩罚你。

心须宽，眼要明，知人者智，自知者明。了解自己，才不会把心中虚幻的道德标杆强加于人。了解别人，才知道为人处世，不可如驴一样执拗倔强。你只是个普通人，万不可生出救世的虚幻之念，没有谁等待着你的拯救，**营造一种真诚、自然、宽和、平静的人际关系，才是真正的帮助别人**。在顺应人性的环境中，每个人都会选择人性的光明，而自以为是的刻意索迫，往往适得其反。

你能做事业，果然是个傻子

< 01 >

好多人陷于知识焦虑，拼命地学，努力地干，想靠更聪明的脑袋夺取自由。但这个方向，真的靠谱吗？

电影《阿甘正传》很认真地探讨了这个问题。

阿甘，一个善良的孩子，就是智商不靠谱。妈妈送他去学校，校方摇头：这孩子忒傻，应该送弱智学校。

可是妈妈不能接受。孩子已经傻了，再不接受正常教育，岂不是更傻？

为了儿子，她愿意做任何事。

任何事！

她把校长带进自己的卧室。房子里传出野兽般的刺耳怪叫。

这是整部影片中最悲壮的配音。为孩子付出一切的母亲，竟然那么美丽，那么伟大。

生活就像巧克力，指不定哪天你就会被人家吃掉。

然而，如此惨烈的付出，为孩子争取到的不过是恶人谷中更加残酷的竞争。

< 02 >

小阿甘去上学。校车上,坏同学们恶意满满,不允许他坐下。

放学后,几个坏孩子蹬着自行车追来揍他。

为什么要揍他?欺凌无助的弱势者,这种恶,有些人不学就会。

阿甘唯一的朋友珍妮大喊:阿甘快跑,被他们逮到你就死定了。

阿甘狂逃,坏孩子们骑自行车猛追。

此时校长在哪里?老师在哪里?妈妈爸爸在哪里?警察又在哪里?谴责校园暴力的媒体又在哪里?

人生就是这样惨,该有的保护都没有,不该有的伤害一个也不缺。

只能靠自己,快逃吧你。

狂奔中,阿甘长大了。幸福地回头望去,哎呀妈,当年那些骑着自行车追赶自己的坏人,现在开着汽车追来了。

嘀嘀嘀,追上前面那个二货,打死他!

逃都逃不掉。

就是这样的人生!

< 03 >

从小学到高中,十几年被人不停地追打,正常孩子早就崩溃了,但阿甘没有,他习惯了,反而因此练成狂奔绝技,进入校队打球。

又因为有体育特长，混进大学。

再之后当兵上战场，遇到危险立即按珍妮的吩咐，掉头狂奔。

子弹拼命地在后面追，追呀追，追呀追……这货逃得好快乐，追了好久才勉强打到他屁股上。

屁股受伤，是军人的耻辱，却是阿甘的荣耀。

逃跑可耻但有用，不爱战争爱性命。

朔气传金柝，寒光照铁衣。将军百战死，壮士十年归。出门见战友，战友泪两行。我们前线成死狗，你却在家打乒乓。

阿甘复员失业。

< 04 >

军旅生涯结束，阿甘人生中最重要的两个人，与他一起回落到同一起跑线。

幼年的知己珍妮，两人睡同一张床长大。

珍妮聪明，智力比阿甘高出一大截。但珍妮幼年遭受过家暴，留下极深的心灵创伤。她终生都在逃亡，想逃离这段悲惨的记忆。可是悲剧在她心里，逃到哪儿都逃不掉。

阿甘的另一个朋友，是战场上的指挥官丹中尉。出身军人世家，帅气、乐观、潇洒，连脚趾缝里都向外喷射正能量。

可是丹中尉在战场上遭遇埋伏，是阿甘背着他逃出生天。虽然性命保住，但双腿给锯掉了。从此意气消沉，一蹶不振。

傻兮兮的阿甘去找珍妮：跟我回家，做我老婆，生宝宝好不？

珍妮忧伤地摇头：阿甘，这世道太黑暗，我都活不下去，以你这不靠谱的智商，你又有什么希望？

傻兮兮的阿甘再去找丹中尉：长官，咱们在战场上说好的，要弄条捕虾船，大家抓虾。

抱着酒瓶，落魄潦倒，坐在轮椅上的丹中尉当时就"抓瞎"了：阿甘，你知道什么叫脑子吗……对，你根本没这玩意。这么跟你说吧，你要是能捕虾，我管你叫爹！

‹ 05 ›

阿甘拿他打乒乓球得到的赞助买了条捕虾船，天天开着捕虾船，迷茫地在河上转来转去。

丹中尉彻底震惊了：爹，你果然是个傻子，居然把事干成了。

他们不仅学会了捕虾，还赶在龙卷风季节，把捕虾事业做成了托拉斯，成为超级有钱的大富翁。

但是阿甘对钱没有感觉，一如他对羞辱没有感觉。

他只记得多年前珍妮告诉他快跑，于是他就在美国的大地上狂奔，跑啊跑，跑啊跑，让许多没有人生目标的美国人狗一样地跟在他屁股后面追，渴望他引领自己，走出人生迷茫。

可是他能指导这些人什么呢？

难道还能说：诸位，都怪你们活得太聪明了。笨一点傻一点，难道不好吗？

‹ 06 ›

为什么阿甘能够把事干成，而比他聪明一倍不止的珍妮和丹中尉,却沦为生活的失败者,居然要靠他这个傻子来拯救?

为什么?

阿甘与聪明人的区别在于:他有能耐!

能力,是说一个人有做事的本事,而且做得比任何人都好。

能耐,是说一个人耐得住。

能力是靠不住的。能力越大,阻力越强,麻烦越大。

很多自诩有能力的人,如影片中的珍妮、丹中尉,他们雄心勃勃地打拼,努力。

珍妮肯付出,敢不穿衣服上台演唱,热辣刺激。丹中尉敢牺牲,砍头只当风吹帽,豪情万丈。可是这俩人越打拼越艰难,拼到最后,甚至连生路都断绝。

那是因为世事如棋局局新,人生博弈无定数。博弈规律,最忌一根筋,一根竿子插到底。

有能力的人很多,不过是闭眼憋气向前猛拱,这招儿谁不会?但拱着拱着,就拱进死胡同了,想退都退不出来。

人生成事,靠的是能耐。

常有人说,要耐得住寂寞。

但耐寂寞,只是能耐的最低端。**真正的能耐,是耐得住生活的打压与重击,耐得住种种羞辱与贬斥。**

聪明人如珍妮、丹中尉,他们都是善驶顺风船的人,得意时扬帆万里,智力尽情舒展。但命运或在你幼小时伤害了你,或在你强大时弄断你的腿。这俩聪明人立即崩溃了。

因为感觉太敏锐,伤害如利刃,破腹入心,剖肝入骨,真的好疼。

所以两个聪明人不停地麻醉自己,坐视生活日渐不堪。不是放弃,也不是不肯再努力,只是承受不了心里的疼。

阿甘则不然，他拥有痴呆级别的雄厚资源——傻！

被人打一顿，打个半死；被人骂一顿，骂个狗血喷头，统统没感觉。

耐伤害！

对伤害越是淡漠，越是能忍耐。耐力越强，能耐越大。

< 07 >

阿甘的智力或许真的不高，但人家不傻，而且有能耐。

有能耐的他只手打造出一个捕虾帝国，让走投无路的丹中尉获得了一个展示智力的商业平台，从此恢复信心，再次活得像个人样。

有能耐的阿甘给了漂泊中的珍妮一个温暖而安全的港湾，最后珍妮带了她和阿甘的宝宝回来，做了阿甘美丽的新娘，而后安详地死去。

阿甘始终在他的位置上。

这世界变化如潮，珍妮和丹中尉追逐着世相的潮水翻涌。而阿甘始终在他的位置上，静静地等待着他们。

以不变应万变，那是因为阿甘有耐力，有能耐。始终坚守这世界不变的终极法则，那就是行成于思，毁于随。合抱之木，生于毫末；九层之台，起于累土。所谓事业，是靠一点一滴累积起来的。而在这个累积过程中，需要平静的忍耐力，以应对四周环境的喧哗。

只有跑得足够快，耐力足够强，才能稳坐钓鱼台，以不变应万变。

‹ 08 ›

生活就像一盒巧克力，每个人都想吃了你，吃掉你的自尊、梦想和体面，让你于羞辱中自暴自弃，自甘堕落。

我们需要足够的能耐，一是有能力，二是有耐力。

有能力才会把事做成，有耐力才不会在意挫折，更不会介意别人的冷言冷语，甚至不会介意所遇到的形形色色的无理伤害。

能力和耐力，一个也不能少。

失去耐力，能力带来的只是一次次挫败，只是飘零无依的满心悲凉。

失去能力，耐力不过是窝囊的别称，不过是丧失了尊严的麻木。

成事之人，必如阿甘。哪怕只有逃跑的本事，也要让任何人都追不上。没鞋的孩子更要快跑，别人追猎你，只是拿你当早餐。你之奔行，是亡命，怎么可以不快？

能力是行动，体现在外。与行并重的是知，是我们心中的耐力。**知是行之始，行是知之终。能力是外在的耐力，耐力是内化的能力。**真正的知行合一就是这样，不是我们想象的轰轰烈烈，而是极尽蠢笨的坚忍。

当我们讥笑阿甘类型的人愚蠢之时，就需要想想，自己的聪明为自己带来了些什么。除非我们幡然醒悟，否则仍会沿袭旧的错误，越苦越累越无法开心快乐。

简单幸福的人生，不过是想明白、活通透了。

做一个快乐而简单的人

第三章
独立而不孤立,自强而不自闭

留给你的机会不多了，
赶紧向我求爱吧

< 01 >

诺贝尔文学奖获得者马尔克斯说：孤独与迷茫，是绕不过去的两大人生主题。

人为什么会孤独？又为什么会迷茫？

讲几个故事，解答这个极深奥又超简单的人生问题。

有个小女生，喜欢表演，而且幸运地获得了与大牌明星一起演出的机会。

见到大明星时，小女生激动得全身颤抖。大明星没有一点架子，平易近人，对眼前这个涉世未深的小女孩关怀备至。

小女孩壮起胆子，请大明星送她一句鼓励的话。

大明星笑了，鼓励道：孩子，就你长的这模样，还是甭干这行了。演艺圈真的很乱，你长得又……这么对不起观众，还是收收心，读读书，琢磨干点别的吧。要不然的话，你将来一定会后悔的。

呃……大明星的谆谆告诫，让小女孩彻底蒙了。

< 02 >

曾有位老兄，雄心勃勃想要干番事业，就开了家小公司，好不容易招来俩员工。

俩员工来上班，老兄心情很激动，站在俩员工面前，慷慨激昂地发表演讲：咱们的公司一定会做大做强，一定会成为享誉世界的名企，只要你们两个跟着我，我保证让你们不负此生。

说到动情处，老兄两眼含泪，激动不已：虽然现在公司小，只有我们三个人，但蚂蚁虽小吞大象，秤砣虽小压千斤，我相信，很快就会有越来越多的人加入我们。你们两个说，是不是这样？

俩员工：……可能吧。

老兄：那你们两个有什么想法？

俩员工：想法？我们现在辞职行不？

老兄：辞职？为什么呀？

俩员工：说实话吧，我们感觉你好神经，我们希望找家正经公司，找个靠谱老板。可实话说，我们的要求太难为你这种不正经、不靠谱的人了。

老兄：别呀，你俩辞职了，我的公司不就黄了吗？有话好好说，千万别这样。

但说什么也没用，俩员工头也不回地离开了，留下老兄一个人，茫然无措。

< 03 >

有位辍学青年，事业有成，遂被母校请回去，做个励志演讲。可

是青年怯场，就向一位老前辈请教。

老前辈谆谆教导道：演讲时不要穿衣服，光着身子狂奔，最适合你了。

青年：为啥呢？

老前辈：你知道为什么。

没错，青年知道。

所以青年回到母校，站在台上——当然他没听老前辈的话，还是害羞地穿着衣服——深情地说道：同学们，你们太厉害了，你们干成了我没干成的事——读书读到了毕业！

青年说：当年我也不愿意辍学，可是学校不喜欢我，撵我走人。我爹妈苦着脸来帮我收拾行李，但我岂是束手待毙之人？于是趁机跑去找心仪的女神，对她说：女神，我要被人家开除了，留给你的机会不多了，赶紧向我求爱吧。现在她是我的妻子，生下了可爱的宝宝。老子就想问学校一句话：你们当年为什么非要撵我走？

为什么？

当然，青年在母校的演讲并不是这么个措辞，但话里有话，仔细听的话，其实就是这个意思。

‹ 04 ›

第一个小女孩，追求演艺事业，却横遭前辈泼冷水，名叫杨紫。她在《家有儿女》中扮演了女儿夏雪，还在热播剧《欢乐颂》中扮演了邱莹莹。

第二个不靠谱的老兄，更是大名鼎鼎——软银集团的孙正义。

许多迷茫的人，都曾有过投奔孙正义的想法，从而实现躺在沙发上横吃竖喝的美好愿望。倘若这些人得知还有人视孙正义为骗子，火速离职，一定会替那人惋惜。

第三个回母校演讲的青年是扎克伯格。替他出主意，建议他光着身子狂奔的老前辈是比尔·盖茨。请扎克伯格回去的学校是哈佛。

扎克伯格2017年5月在哈佛的演讲字字珠玑，声情并茂，可如果翻译成人类语言，就一句话：瞎眼的哈佛，当年你为啥撵我走？

为啥？

‹ 05 ›

现在知道你为什么孤独了吧？

小女孩杨紫，如今在演艺圈也算是有自己的天地了。可当年的她，并不被成名大腕看好。

软银集团的孙正义，事业之所以如日中天，正是因为他在创立公司那天，于演讲中透露出对未来30年时局的预测与研判。可是仅有的两个员工根本听不懂，认为他是个大忽悠。

扎克伯格的事业就不用说了，但当年哈佛认为录取他是个错误，果断撵他走人。

杨紫、孙正义与扎克伯格，尚且不被人看好，你我不过是普通人，人生路上更是布满了否定、否定与更多的否定。

人类是天生的否定物种，想从别人嘴里听到一句肯定自己的话，难度较高。

可这是为什么呢？因为人类的眼睛只能看到现在，看不到未来。

扎克伯格说：我想告诉大家一个秘密，没有人从一开始就知道如何做，想法并不会在最初就完全成形，只有当你工作时才变得逐渐清晰。你需要做的，就是开始。

这简单的一句话，蕴含着五层内容：

第一层，未来是可塑的，不是固化的，也不是唯一的。

第二层，世界因应你的行动，与你互动而生成。你今天的处境，是你十年前选择的结果。而你今天的选择，又将导致十年后的必然结果。

第三层，人生根本没有路，你走过去，才会出现路。天地之间也根本没什么事业，你做出来，才有了事业。

第四层，上述三个道理，明白的人极少。但许多不明白的人，习惯于假装明白。

第五层，明明不明白，却假装明白的人，生活必将陷入泥潭，生出巨大的茫然与惶惑。

⟨ 06 ⟩

杨紫遇到的大明星，不明白这几个道理，所以她轻率地否定了杨紫。

孙正义创业之初招来的两个员工，他们是肉眼凡胎，根本不明白这几条简单道理，才会于惊恐中匆忙逃离。

哈佛大学虽是名校，但名校亦多凡人，凡人是那种误把本能当思考的族类。如扎克伯格的特立独行，无法为大家所理解，实属正常。

错把本能当思考，难免会在现实面前生出惶惑与茫然。

迷茫者意识不到，未来是我们与环境互动而达成的动态平衡。他们以为有一个固化的、既定的未来在前面等着，所以苦苦哀求别人替他们指条明路。然而人生根本就没有路，只有选择与行动。他们的希望与发展规律相背离，因而陷入困境。

⟨ 07 ⟩

孙正义说：迷茫时，向远方看。

谋事时，立足脚下。

只有你的视野足够宽阔，才能够发现隐秘的社会发展规律，看到所有成就事业者的必然性法则。

未来并不存在，人生只有开始。人生就像一块巨大的璞石，要靠我们的行进，缓慢开凿出内在的珍宝。**人生从来没有地图，只有一枚小小的指南针，最完美的选择，莫过于行动。**

行动，让自己优秀。行动，让世界互动。行动，改变着世界，改变着自己，在这个改变的过程中，遇到越来越多的机会。

机会是行动的结果，运气是实践的必然。此二者是行动的产物，而非自然的存在。有些人习惯于等待，等待别人把机会送到手上。但机会与运气都是个性化的，于行动者而言是机会，于等待者却往往意味着陷阱。

留给你的机会不多了，赶紧向这个世界求爱吧。站起来，行动，去开创属于自己的一切。人生天地之间，原本就担负着自我开创的伟大使命。只因认知的闭塞，有些人迷失了自我。

打开你的心，勇敢地挑战自己。一旦你开始行动，就会发现世界鲜活起来，恰如岩中花树，构成你生命的美景；恰如瓶中之水，映照出万里长云。当你与世界频繁互动，你就构成了未来的重要元素，你就是未来，就是希望。届时无限的喜悦从心中涌出，你会娴静优雅，微笑着对世界说：此心光明，夫复何言？

为什么有人辛苦一生，却仍然生活在底层

‹ 01 ›

深圳人常说：活命吃饭赚小钱，需要真本事。想要发财，就需要更多的东西。

这些更多的东西，究竟是什么？

先讲个奇怪的故事。我有个朋友，在业界颇有影响。认识他的人，不敢直呼其名，而是恭敬地叫一声"屎哥"。

铲屎哥的意思。

大家一听就明白了，屎哥者，猫奴也。

屎哥说，他打小就被猫欺负，经常走着走着，路边突然蹿出只小奶猫，冲到他面前，仰面躺下，四爪朝天，意思是说：俺身无长技，以卖萌为生，兄弟岂有意乎？

屎哥无奈，只好收留这些无主的奶猫。

养的猫多了，家里没地方搁，必须要为这些猫寻找优秀铲屎官——屎哥靠了这个，居然赚大了，有钱有闲。

就是把流浪猫拜托给别人养。

这也能赚钱？

为了解释他如何通过猫猫赚钱，屎哥跟我说了一件事。

‹ 02 ›

大概7年前，有两家人，都是父母带着孩子——父母满脸厌恶与痛苦，而孩子满腹委屈、恐惧与期待——来屎哥这里领猫。

这两家人，都是孩子不可救药地喜欢猫，而父母极不喜欢的那种。

其中一个孩子，长得有点像哈士奇，屎哥暗地里称他士奇兄。另一个孩子，模样像米老鼠，屎哥称其为鼠小弟。

屎哥说，7年过去了，士奇兄坐断铲屎界半壁江山，前个月略微舒展拳脚，一次性捞了二十几万，让屎哥感受到竞争压力。

而鼠小弟早在两年前就被逐至铲屎界边缘地带，钱赚不到几枚，声名却已臭烂。

只是养猫而已，士奇兄与鼠小弟的人生何以在此拉开如此大的差距？

‹ 03 ›

话说士奇兄初到屎哥处领猫，屎哥对他千叮咛万嘱咐，传授养猫的技法门道。士奇兄虽然貌似憨狗，但极用心地听着，听不懂的地方，追问清楚，再用自己的话重复一遍。

不过几分钟，士奇兄就把屎哥倾囊所授全部学到了手。

回去之后，士奇兄一边专心撸猫，一边认真研究猫的族谱，并多次带自己的猫探望猫亲，走访猫友。

网上联络，线下奔走，将猫的血统彻底弄明白。

等到猫要解决终身大事之时，士奇兄带着自家猫与血统最纯正的猫相亲。再之后是给猫咪搭产房，建温室。小猫咪出生，士奇兄再点灯熬油，为每只小猫咪制作血统证书——上溯此猫族亲三代，个个有名，只只有姓，甚至还有联络电话。

开价出售，6只小奶猫，最便宜的一只卖了8000元。进账几万元。

此后士奇兄渐渐坐大，替人家验证猫的血统，颁发猫证，收费不菲。

他家的猫，一猫难求，索求者必须预付现金，等生出小猫，才能交货。

再后来，士奇兄经常出国，重走"猫之路"，把每个品种的猫咪的扩张史画出地图，编辑成书，终于夺得业界半壁江山，势头之猛，发展之快，让栽培他的屎哥羡慕嫉妒恨，望尘莫及，望洋兴叹。

‹ 04 ›

再说鼠小弟，他是个善良、勤劳、勇敢的孩子，但无意成为猫专家，只是玩玩而已。所以他初到屎哥处，屎哥对他叮咛嘱咐，他却一句也听不进去。

带回家的猫，恣意游走，四处乱窜，出门时洁身自好，回来时大着肚皮。这样生下来的猫，铲屎界称为后院猫。

后院猫也是猫，尤其是小时候，超萌超可爱，索要的人也不少，但很难卖出高价。一只后院猫，卖高了3000元，正常价1500元。但后院猫血统不纯，极易生病，后期治疗费用高昂，让铲屎官痛苦不堪。

买到后院猫的铲屎官们，怨恨鼠小弟欺骗他们，花了钱，却不给正经猫。

所以鼠小弟每次卖猫，都有个漫长的挨骂期。名声渐烂，终至退到铲屎界边缘地带，失去了吃猫粮的资格。

屎哥说，看鼠小弟发到网上的照片，7年过去了，家境并无改善，可知鼠小弟其人在个人主营业务方面也是这么个态度。

〈 05 〉

两个人完全不同的铲屎界玩法，告诉我们的是隐秘又透明的人生事业规律。

人生事业，无论是招猫逗狗、哄弄老板还是讨好女友，无一例外，都有六个发展阶段。

第一个阶段，叫能力期。

兢兢业业工作，没日没夜铲屎，100%付出，所得不足以果腹，甚至完全无所得。只因为你年轻，正在学习阶段。

此阶段的付出缺乏专业性，没积累，多是简单劳动，创造不出附加值，所以收入低微。这个阶段的人，愤愤不平，老怀疑这个世界不对头，明明付出了，却一无所获，劳碌终生，却始终生活于社会底层，有这么不讲理的吗？

抱怨不能解决问题，你必须成长起来，进入第二个阶段。

第二个阶段，叫积累期。

努力一段时间，渐有小的积累——人们无法看到你的能力，但会注意到你的积累。所以人们也不会尊重你的付出，只会尊重你的盈余。

这个阶段收入翻番，你凭能力所得大概占到80%，而积累带来20%的收入。

第三个阶段，叫资源期。

你的积累越来越多，就会有许多人打你积累的主意。这些人就是我们经常说的资源，开发这些资源，付出不多，所得不少，于是盈收结构再次优化：能力收入占到60%，积累带来20%的收入，资源带来20%的收入。

第四个阶段，叫机会期。

当你做得足够久，就有了一定的专业敏感性，业界出现的机会，别人看不懂、看不到、看不明白，但你能够抓住。

这个阶段的收入，总量持续增长，能力占40%，积累占20%，资源占20%，还有运气占到20%。

第五个阶段，叫收割期。

你已经在业界站稳，不再和别人拼能力，而是拼心态。

同样的货，你笑得比别人贱，别人就喜欢买。

收入结构中，能力占20%，积累占20%，资源占20%，运气占20%，心态占20%——此时你的收入已经是初期的5倍。

到了这个阶段，就面临着人生质的飞跃——平台跃迁！

‹ 06 ›

从能力期开始，每前进一个阶段，收入都会翻一倍。但无论怎么个翻法，都是在能力圈子里打转，挣个辛苦钱。

走到第五个阶段的收割期，能力就已经开发殆尽。

此时人生进入**第六个阶段，完成事业平台化**——重组事业资源，建立平台，让别人在你的平台上赚钱。

平台意味着资产。资产就意味着你不用上班，躺在沙发上睡觉撸猫，还有人不辞辛苦地把钱送来。

平台期之前，纯系血汗付出，勉强糊口而已。到了平台期，终于有了焦虑的资格，可以愁肠百结，人生不满百，常怀千岁忧了。

‹ 07 ›

好多年前，姜文主演过一部电视剧——《北京人在纽约》。

剧中，刚到美国的女儿发现父亲开工厂，大发横财，于是骂父亲是万恶的资本家。

父亲仰天长恸，说：没错，我是资本家，可我是喝自己的血长大的！

这里的人生六步，就是畅饮自己的能力之血，浇灌事业之花的过程。

屎哥讲述的士奇兄明白这个道理，然后完成人生蜕变，所以坐断铲屎界半壁江山，被誉为猫界豪杰。而鼠小弟未能完成这个过程，人生陷入停滞。

小奶猫，总要长成优雅的成年猫。

小孩子，总要长成睿智的成年人。

人生、猫生或狗生，就是要一步步成长。别让自己的人生停滞，别让自己的事业停留在初始阶段。

选择目标，找准方向。而后努力劳作，积累，开发资源，收获运

气，获得平和心态，以待人生跃迁。

有些人久劳无功，就抱怨世道不公。其实这世道公正到了不能再公正的地步，但天地之间的公正，遵循人性规律的法则。如果我们东一榔头西一棒子，熊瞎子掰苞谷一样随手乱扔，那么我们的人生就无法走出能力期，徒有能力，却无积累。没有积累，就无法形成资源。没有资源，就遇不到好运气。遇不到好运气，就会每天苦着一张难看的脸，就算强迫自己摆正心态，强颜欢笑，也于事无补。

未来的人生，社会竞争将趋于激烈，趋于白热化。但同时，社会也呈多元态势分化，机会无尽，挑战无穷，是获得机会高歌猛进，享受猫抓狗咬的欢快人生，还是于挑战面前闭塞耳目，自甘沉沦，落得个猫狗都嫌弃的下场，取决于我们能否深刻理解人生事业规律，是否爱自己，是否愿意让自己的生命于动感时代绽放出绚丽的光华与激情。

人生最重要的能力：
如何一眼洞穿事物本质

< 01 >

一个来自知乎的故事：医院产房门前，家长们都在等护士把自家的孩子抱出来。

突然外边冲进来一个女人，激愤地大喊道：你们抱错了我的孩子！

霎时间，所有的家长以愤怒的眼神瞧瞧护士，再以怀疑的眼神看看怀里的宝宝，怕护士给弄错了。

护士长却不急，慢声细语地说：请问，你根据什么断定我们把孩子抱错了？

根据科学！女人竖起手指，强调她的观点：你们呀，要相信科学，我老公带孩子做了亲子鉴定，证明孩子不是他的，这就证明你们抱错了。

护士长：那么，孩子是不是你的呢？

女人：是我的，但不是我老公的，所以肯定是你们抱错了。

在场的所有人都安静了。

这事到底应该怪谁呢？

⟨ 02 ⟩

人活一生，需要很多能力。

所有能力终将汇聚于一点：突破表象，洞见事物本质的能力。

比如说，孩子不是老公的，但未必是护士的错。**在你所理解的事物之外，总存在着另一种可能，或许才是真相本身。**

看一个抖机灵大赛的电视节目，就是把一些看似相互矛盾的事和人弄在一起，相互PK。这次PK的主题是大学生到底应不应该考研。赞同者是位嘴皮子超级厉害的老师，对手是一大群没考研却有不凡人生成就，但嘴巴比蜗牛还慢的行动派人士。

嘴快老师：我的家乡是座三线城市，市里有所大学。你们去看看，看看都是哪些企业去招聘。你们再去清华、北大看看，又是哪些企业在招聘。中国500强企业和世界500强企业都告诉你学历不重要，可是他们不会去三线大学招聘！

嘴快老师：他们（世界500强）说的都是假话。

嘴快老师：考研不是唯一的道路，但是大多数人的道路。

嘉宾：但我想告诉你，相对考研，对年轻人来说，最重要的是工作。在工作中学习成长……

嘴快老师：一个三线大学的毕业生，他将来能做什么工作？

嘉宾：我公司的员工，没有一个是重点大学毕业的。

嘴快老师：所以你的公司不是世界500强企业！

嘉宾：……

这个节目，极类似于我们的人生——每逢吵架，都会节外生枝，越吵离正题越远。先不说考研之事——如果一定要说考研，嘉宾想要说的是人生，而嘴快老师说的是毕业后的工资，所以他一再强调入职世界500强，好像500强打成立起就是500强了。但实际上，500强刚刚成立时，都是500弱，早年入职的也是三线大学的毕业生。在经历了残酷的市场磨炼后，500强成为小概率幸存者。

嘉宾的企业不是世界500强，这是正常的，不应该构成嘴快老师指责的理由，何况此事与论战主题无关。

但嘴快老师在非关主题的事项上指责对手，让对手语塞，这很能满足看热闹观众的心理，也符合节目预期——唯独没说清楚的，是事情本身。

‹ 03 ›

人生正如辩论赛，对手为了赢你，总会故意带你跑偏。

你说人生，他说考研。你说考研，他说世界500强。你说世界500强，他说你不是世界500强——即使你是世界500强，他还可以说你长得丑。你顺着他的话题走，总会被他找到你的一个缺点，对你发起攻击，然后宣布他赢了。

有些朋友，不喜欢把话厘析得这么明白。他们叹息说：人生已经如此艰难，有些事情就不要拆穿了，大家就这么稀里糊涂也蛮好。

然而，糊涂的人、不能看到事物本质的人，即使是在日常生活中，也是痛苦不堪的。

网友曾评述恋爱中的男友的三大世纪疑惑。

第一世纪疑惑：她咋生气了呢？

第二世纪疑惑：她咋又生气了呢？

第三世纪疑惑：她咋还生气呢？

男友的三大世纪疑惑，是低情商男士的椎心之痛。

网上有个故事，一位男士与妻子爆发争吵，他气到半死，不明白女人为什么无理取闹。遂赌气出门，跟一位情商高的朋友诉苦。

朋友听了，沉思半晌，问：吵架前，你俩都干什么了？

丈夫：还能干什么？我看球赛，她上网逛。

上网……朋友说：上的是什么网站？

丈夫：不是你想象的那种聊天交友网站，就是看看打折商品，看看衣服、鞋什么的。

朋友：她到底看的是衣服还是鞋？

谁管这事，她们女人……丈夫抱怨着，想了想：对了，她在看一件风衣。

朋友：那你还待着干什么？赶紧上网，把那件风衣拍下来呀。

丈夫：你有病呀，她衣服那么多，买风衣干什么？

但朋友力劝，丈夫终于拍下风衣。等他回家，进门就见妻子含情脉脉的目光：老公，人家就知道你最疼人家了……

你这败家娘儿们，想要买风衣就直说，吵什么呢？丈夫一时气愤，冒出这么一句话。

完了，两口子又吵起来了。

< 04 >

多数人，并不是理性地生活着。而是如风中的飞絮，忽上忽下，忽高忽低。

所谓理性，就是要认识到人性的天然状态，透过现象，直达本质，成为一个简单的人、明快的人，能够尽到自己人生责任的人。

如果一个学生看不到事物本质，就会专注于考个高分，拿来炫耀，工作时既做不了实际工作，也不知如何与人相处。这时候就会抱怨读书无用，叹息知识无法改变命运。如果他一味地文过饰非，就会陷入恶性循环，成为社会问题。

如果一个成年人看不透事物本质，就会处处和别人相比，看别人买房羡慕，看别人出境旅游羡慕，看别人工资高还是羡慕。如果他不能定下心来，想明白自己是谁，到底想要什么，就会陷入巨大的生存压力中。

如果人过中年，仍然看不透事物本质，就会沦为骗子们的猎物。有些骗子专骗老年人，媒体经常呼吁多给老年人一些关爱，甚至有人称老年人更应该富养。可中国已经步入老龄化社会，谁也不是千手观音，数量不足的年轻人尚在生存线上为是不是应该考研而纠结，自顾不暇，又拿什么来富养这些脆弱的老人呢？

只能靠自己！

〈 05 〉

要做到突破事物表象，洞见本质，做个快乐简单的人，就要明了人类对事物的认知结构。

主观之人，最喜欢以客观自居。所以我们知道，**我们所谓的本质，只是认知最多只能到这个程度，并非真实的本质，或是客观。**

明白了这个前提，就可以培养自己的本质认知能力了。

当我们观察事物时，第一层遭遇的恰是人类万古永存的情绪。

情绪与本质无关，但不可小看，要温和地对待有情绪者。情绪的本质是恐惧，人家都吓成这样了，一定要耐心安抚。

穿越情绪，下一步遭遇的是主观表述。

所有的表述都是以自我为中心的，武断、固执与臆测，构成主观本体。小心呵护对方的情绪，把表述中的客观结构摘出来，就可接近本质了。

穿越主观表述，遭遇的是认知极限。

最高维度的认知是智慧，但我们居于智慧之下，有人偏执，有人倔强，有人思维固化，有人相信某些很奇怪的东西。这时候就需要如对待别人那样对待自己，先抚平自己的情绪，扫灭立场，去掉偏执与偏见，就这样一步步地接近事物本身。

< 06 >

《论语》中说，孔老夫子做事，有四个特点：不主观，不绝对，不固执，不自以为是。

这其实就是穿越情绪，走向本质的四个步骤：**去掉主观，去掉绝对，去掉固执，去掉自以为是，剩下来的，就是事物本质了。**

认清事物本质的人，活得轻松舒爽，低调快乐。抓不住本质的人，人生跌宕起伏，忽起忽落——当事人绝对不会因此而开心。

这些人，在家里激烈争吵，在路上匆忙狂奔，在公司里谨小慎微，在无人处无声垂泪。每个人都有最艰难的时刻，这恰是迷失自我，失去对事物本质把握的时刻。

佛陀说：回头是岸。让我们的心变得辽阔而勇敢，突破表象的羁绊，直达事物的本质。这做起来并不难，难的是我们久已习惯于催促别人改变，而忘记了我们只能对自己负责，最应该获得认知提升与快乐的是我们自己。

那就回到自己身上吧。先试着观察自己的情绪，再来观察已经固化的主观意识，然后一步步地如孔老夫子那样抽丝剥茧，扒开绝对与固执，扒开自以为是，最终见到的是我们那颗完美的，始终呈现着希望、未来与快乐的初心。

不忘初心，方得始终。我们来到这个世界上，原本是为了认清世界，认识自己，但迷失途中的困惑让我们沉陷于欲念之海。从现在开始，走出痛，走出伤，走出怨，走出忧，与日月光华般的智慧同在的，才是真正的我们自己。

看不到希望不要紧，我给你

< 01 >

> 陪你去看流星雨落在这地球上，
> 让你的泪落在我肩膀，
> 要你相信我的爱只肯为你勇敢，
> 你会看见幸福的所在。

这首歌曾经很火，仍有人记忆深刻。

天上确有些猩猩……不，是星星，会让人看到幸福的所在。

比如第5095号小行星——埃斯卡特兰，一颗带给无数人希望，改变无数人命运的星星。

< 02 >

第5095号小行星，是以一位普通的美国中学老师的名字命名的。

吉米·埃斯卡特兰1930年生于玻利维亚。

24岁时，埃斯卡特兰大学毕业，在当地混成个乡村教师，老是被拖欠工资，饿得眼前发黑。

经过10年打拼，他的处境更悲惨了。

终于醒过神来，要想吃饱活命，必须换个地方——去美国！

34岁的乡村教师埃斯卡特兰到了洛杉矶。

可是他一句英语也不会，而且美国不承认玻利维亚的教师资格认证，只能刷盘子。

洗刷刷，洗刷刷，他一边刷盘子，一边挨老板骂，学会了点粗浅的骂人话。于是社会地位上升，开始在当时美国的电脑城修电脑。

感觉这样下去不行，他又报名上成人学校，白天干活，晚上学习。如此10年，44岁了，终于考取了美国的教师资格证，成为南加州加菲尔德高中的一名老师。

他的美国梦，终于进入恐怖的噩梦阶段。

‹ 03 ›

吉米·埃斯卡特兰夹着课本，头发光亮，西装革履，意气风发地走进教室，对他人生中最重要的第一堂课充满了无限期待。

果然没有失望。

开门，哐的一声，一盆冷水扣在他头上。

哄堂大笑中，就见无数垃圾、粉笔头向着他的脸飞砸过来，一群稚嫩的声音在大喊：去死吧你！

这到底是什么地方？美国的农民工子弟学校！

南加州加菲尔德高中，教育质量全美第一——倒数的！

学生都是拉美贫困移民子弟，父母尚在生死线上挣扎，只能任凭孩子自生自灭。所以孩子们很努力，努力打架斗殴，惹是生非。

每一间教室都被砸得破破烂烂，犹如战场。

老师对学生们严格要求——给钱，就让你通过考试；穷到拿不出钱贿赂老师，那就等着不及格吧！

学生们对老师很尊敬——打得过就揍，打不过就逃。

埃斯卡特兰哭了：这是什么鬼地方？我想回家。

‹ 04 ›

回顾初到学校时的激情岁月，埃斯卡特兰说：没有让我马上离开的唯一理由就是来都来了，就在这鬼地方待一年吧。一年满了马上就走，多待一天，我管你们叫爹！

但这一年，真的很难熬。

他是电脑教师，可学校超穷，居然一台电脑也没有。

校方很乐观，告诉埃斯卡特兰：反正咱们买不起电脑，又没有数学老师，以后你就教数学吧。对了，咱学校也没物理老师，以后物理也归你教。

埃斯卡特兰想的是：横竖老子也不想在这里长待，你们高兴就好。

此后，学生们想来就来，想打架，课堂上随便打。埃斯卡特兰一个人面冲着黑板，嘟嘟囔囔地讲课。

反正课我都讲了，你们爱听不听，以后你们混得多惨，都跟我没关系。

开始这样想，还心平气和。但慢慢地，就有了心理负担。

这个想法好像不太对，孩子们有什么错？他们贪玩，那是因为没人告诉过他们人应该学习。他们在课堂上打架，那是因为所有人都在打。而学校风气之所以如此，是因为美国贫富分化太严重，优势教育资源全都集中在官商子弟身上，寒门子女从出生那天起就已经被社会抛弃。如果把他们当成人渣教育，他们以后就是人渣。

但他们，是可以改变的、有无限可能的孩子。

〈 05 〉

埃斯卡特兰愤怒了，发誓对抗美国的分化教育体制，把孩子带好。

他先研究孩子们，发现他们平时看的都是粗制滥造的黑社会美剧。学生们以为那就是真实的生活，最羡慕剧中的黑帮大佬。

埃斯卡特兰就宣布：从今天起，咱们班不再是课堂！咱们班就是黑社会！每个人都是大佬，必须起个大佬的名字。

哇！学生们好开心，每人给自己起了个黑帮大佬名。

然后实行可视化教育，要让孩子们时刻看到改变，看到无限可能。

他在教室墙上贴满了崛起于底层的黑人体育明星的照片，并忽悠孩子们：孩子们，他们有体力，咱们有脑子；他们玩篮球，咱们读名校。

所有学生爆发出一阵大笑：老师，你别费劲了！我们家世世代代都是穷鬼，我爸只会喝酒，我妈只懂打牌，学校烂成这模样，从没有一个人考上过大学。我们注定是没希望的，没人能够改变我们的命运，你也不行！

埃斯卡特兰闻言大怒，掉头冲出教室。再冲进来，把全班同学都吓坏了。

他手中握着一把雪亮的菜刀。

恨欲狂，长刀所向，多少手足忠魂埋骨他乡——菜刀一指：刚才是谁说没希望的？是谁说的？

没人敢吭气。

哐的一声，埃斯卡特兰将手中的菜刀剁下，大喊道：看不到希望怕什么？我给你！

埃斯卡特兰说：其实我拿着菜刀冲进教室，真不是想砍学生，只是想切个苹果，让孩子们看到苹果横切面上的星星。

星星是看到了，但孩子更怕菜刀。

‹ 06 ›

此后师生形成良好互动，埃斯卡特兰每次上课，必穿奇装异服，目的是有趣好玩，让孩子们参与课堂讨论，思考自己的人生。

终于，孩子们认真起来。埃斯卡特兰趁热打铁，推出他的微积分课程。

孩子们，你们要改变命运，必须要学微积分。拿下微积分，就可以入读美国藤校，就可以增加你们人生的选择。

此言一出，校方和家长就炸了。

校方坚决反对开微积分课：有没有搞错？微积分是人家好学校的官商子弟学的，你们寒门子女跟着添什么乱？不许开！

家长更是愤怒：这老师是什么人？他想干啥？是不是想变着法儿地让我们掏补课费？告诉你，没门儿！钱一分没有，微积分也不许学！

学校、家长都反对，埃斯卡特兰就跟孩子们商量：孩子们，你们的人生自己做主，是一生沉沦于悲苦绝望，还是狂奔猛进，奋起直追，你们自己选择吧。

孩子们：老师，你要是真能让我们读藤校，那我们就跟你学。

埃斯卡特兰：学可以，但你们必须跟我签订努力合同，不可以因为困难而放弃。

签就签，同学们真的签订了努力合同，开始跟埃斯卡特兰学习。

一年后，全班所有同学都通过了美国的AP微积分考试。这就意味着，所有的同学都可以入读美国名校。

此事震惊美国。

美国教育考试服务中心（ETS）第一时间发表声明，加菲尔德高中的AP考试不作数，学生成绩统统取消。

为啥呀？不为啥，AP微积分考试是为特权子弟入读名校开的绿色通道，你们这些寒门孩子，跟着起什么哄？

成绩取消，不服去死！

埃斯卡特兰气坏了，据理力争。

ETS怕事情闹大，就说：那啥，你们这些学渣肯定是作弊了，再给你们一次机会，不许复习，明天再考一次。

考就考吧。再考一次，仍然是全部通过。

美国的诸机构这才不吭声了，眼睁睁地看着这些寒门子女走入一流名校。

建筑工的儿子，入读耶鲁，成为全美首屈一指的桥梁设计专家。

农夫的女儿，入读哥伦比亚大学，成为知名的电子设计工程师。

汽修工的孩子，连读伯克利与马萨诸塞理工学院，成为知名知识产权专家。

⟨ 07 ⟩

埃斯卡特兰说：我只是个教师。

教师的职责就是：没有希望不要紧，我给你！

没有学不好的学生，缺的只是个唤醒灵魂的人。

埃斯卡特兰的事情，被美国人拍成了电影《为人师表》（*Stand and Deliver*）。他本人入选美国国家教师名人堂，获北美最佳老师奖、杰斐逊奖、自由精神奖。美国邮政局发行了以他为主题的邮票。第5095号小行星，以他的名字命名。

他说：没有希望不要紧，我给你！

他说：你不是进入未来，你是创造未来。

他说：**没有人有权规定你必须成为什么样的人，是你自己的选择决定你的未来。你对自己持有的积极评价是你所拥有的最美好的东西，你千万不能让任何人从你身上夺走它！**

我们都是埃斯卡特兰的学生，处于别人掌控的认知中。没有人看好我们，最好的资源不在我们手中，我们一无所有，有的只是对现有生活的不甘心。

但没有希望不要紧，我们可以成为自己的埃斯卡特兰，可以自己唤醒自己。纵然在人生最艰难的时刻，我们也要做到内心辽阔而无垠，我们可以变得勇敢而无畏，突破他人为我们设下的屏障，勇敢地迈向自我。生命只此一次，与其在打击下沉沦，莫如执长剑而奋起。世事从不予人千分顺意，贫穷从不予温柔一丝名分，我们只有不惧艰难地勇敢挑战，才能击败命运的恶意挑衅，无愧于生命自身的价值与尊严。

人生适应力的七个阶段

⟨ 01 ⟩

能力之上,知识之外,还有更为重要的东西——社会适应能力。

不是智商,亦非情商,特指一个人全面的、综合的适应素质。好比牌桌上,打牌技巧娴熟的人,哪怕拿到一手烂牌,也能打得风生水起。而心情阴郁之人,再好的牌拿到手里,也总是被对手吃死,徒然愤懑,无可奈何。

那么这种社会适应能力,要如何才能够掌握在手,运用于心呢?

先登高,再俯瞰,就会发现所谓的社会适应能力,也是有层级、分阶段的。

大致有七个阶段。

⟨ 02 ⟩

社会适应能力的第一个阶段,也就是最底层:为奴期。

处于这个层级的人，有能力，本事也不缺，唯独心里愤愤不平，老是感觉这个世界亏待了自己，所以不肯做事，不情愿做事。这种态度和情绪会让人步步惊心，很难有翻盘的机会。

有个网红曾说他上中学时，体育老师不喜欢运动，不喜欢运动还偏偏要教体育，所以这位老师满心悲凉。上体育课时，他根本不管孩子，扔几个球过去，让孩子们自己玩。老师独自坐在操场边上，满脸惆怅地仰望天空：唉，这无聊、琐碎而乏味的人生何时是个尽头！

我们身边有很多这样的人，甚至有些人长时间泥陷于这种不情愿又无力改变的悲哀状态中。他们的人生不自主，不自由。老天爷似乎是为了惩罚他们，才发配他们来人世间受难。他们将人生视为一场残酷的迫害，活得委屈、伤感又怨愤。

走出为奴期，就会进入社会适应能力的第二个阶段：学徒期。

意识到命运掌握在自己手中，但残留的旧观念仍让人举步维艰——甚至会把智商降低到让人惊讶的地步。

曾有个学生，少有大志，矢志从医，寒窗苦读20多个春秋，终于以实习生的身份跟在名医的屁股后面，进入病房巡查。

进了病房，就见一位面色憔悴的姐姐怀抱婴儿：医生，宝宝都出生两天了，还是不下奶，怎么办啊？

名医哈哈一笑：上吸奶器。

憔悴姐：试过了，不管用。

名医：你老公呢？让他过来吸奶。

憔悴姐：老公在国外，根本回不来。

老公不在……名医左顾右盼，忽然看到实习生：你，过去给吸奶。

啥？实习生蒙了：这不妥吧？

名医笑道：想患者之所想，急患者之所急，患者不下奶，正给了你用武之地。赶紧，别磨叽了，你看产妇脸都憋得青紫了。

实习生无奈，只好过去吸奶。

过了一会儿，奶水出来了。实习生赶紧报告：老师，奶水下来了，现在该怎么办？

怎么办？赶紧闪开喂孩子呀！咋的，你还想吃饱是不是？

现场之人，一阵哄笑——别人看着好笑，那只是隔岸观火，没有如当事人那般处境尴尬，心慌意乱。

等过了这个阶段，就更糟糕了。

〈 03 〉

社会适应能力的第三个阶段，是做工阶段。 只知墨守成规，不知变通。

曾有位高学历兄台，恋爱了。第一次和女孩逛街，来到一条空荡荡的路上。

路口出现红灯。老兄立即停下来，可是女孩奇怪地看了他一眼：你有病吗？这里没人也没车，傻站在这里干什么？

女孩噔噔噔冲过马路，扬长而去。

绝交！

就因为停了一下，失去心仪的好女孩，兄台好不懊恼。

不久，又遇到另一个姑娘。这次兄台学乖了，两人逛街时，虽然是红灯，但见车流稀少，兄台果断闯过。

女孩大惊：亏你还是读书人，无视交通规则，肆意闯红灯，遭遇交通事故的概率会很高！

我不想和发生事故概率太高的人在一起。

绝交！

第二个女孩也离开了。从此这位兄台陷入心智崩溃，多年之后，仍然单身。

动辄得咎，横竖是错。这类人，生活中常见。

必须咬牙前行，再进一层。

⟨ 04 ⟩

社会适应能力的第四个阶段，叫匠心匠气。

听名字，就知道这是人生成就的中界线。

如果走入匠心这边，就会匠心独运，获得主动性、成就型的人生。如果匠气太浓，就会刻意为之，弄巧成拙。

主持人何炅曾说过一件事。有一次，节目邀请的嘉宾是徐若瑄，还有演《琅琊榜》的胡歌。但那天很奇怪，节目组的人，个个出事，灾祸连连。

何炅眼里进了沙子，胡歌肚子疼，场工笨手笨脚，把膝盖磕伤。还有服装妹妹，把手划破了。

伤的伤，病的病，节目真的没法再录了。

关键时刻，徐若瑄打开了她的小背包，取出眼药水，帮何炅吹掉眼里的沙子，顺手把治肚子疼的药递给胡歌。再拿出跌打膏，给膝盖伤了的场工，又拿出创可贴，帮服装妹妹贴上。

一会儿工夫，混乱的现场恢复秩序。大家还没醒过神来，徐若瑄又拿出唇膏，替自己补妆，然后招呼惊呆了的何炅喝茶。

何炅惊呼道：你太厉害了，这招儿我要学。

从此何炅也往自己的包包里装了一大堆瓶瓶罐罐，然后天天盼着大家出事。这一盼就是好几个月，终于有一天，又有人手破了，何炅激动不已，急忙打开包包，想露一手。

可是包里的东西太多，创可贴到底在哪里？怎么老是找不到？

把包里的东西全倒出来，再找半晌，才发现一小片皱巴巴的东西，看样子像是创可贴，但时间太久，早就没法用了。

何炅仰天长叹，人家徐若瑄处乱局不惊，那是匠心，自己刻意模仿，画虎类犬，这叫匠气。

从此何炅不再刻意模仿，只做好自己，发挥优势长处，把短处留给同伴弥补，他才成为独一无二的何炅，而非男版的徐若瑄。

< 05 >

社会适应能力的第五个阶段：明者为师。

认知越来越明晰，性格越来越沉稳，可为人师矣。

有个年轻人，跟老板出门办事，路上和人迎面撞上，对方瞪眼：咋的，想打架呀？

年轻人大怒：小样儿，打架就打架，怕了你才怪！

当场和对方扭打在一起。

老板转回来，拉开年轻人，向对方赔礼道歉，并对年轻人说道：孩子，你要明白，我们出来是办事的，不是找无关的闲人怄气的。如果你的人生置目标与福祉于不顾，一味逞强斗气，那你就犯浑了。

老板的这句话会让年轻人受益一生。这就是人生的师者境界，可以引导人、帮助人，这也是成熟的人生、稳重的人生。

< 06 >

社会适应能力的第六个阶段：成家阶段。

师者，只是传道授业解惑。而家，却可以保护你，给你以安全感。

成名容易，成家难。

但人总是要成家的，成家者需要更强大的能力，为那些还处在前几个阶段的人搭建平台，挡风遮雨。比如实业家、企业家，这些人建立产业，独自应对险恶市场，让前几个阶段的人食无忧、衣无虑，愤愤不平地骂老板无能，抱怨世界亏待了他们。

能力越大，责任越大——越易遭人骂。所以还要努力前行。

社会适应能力的第七个阶段，也就是最高阶段：成就自我。

许多事业有成的人，都有着著书立传的冲动。

著书立传，只是为了把自己的人生智慧传递下去，寄希望于青史留名。正如并非每个有能力的人都心怀慈悲，愿意帮助别人；许多有能力的人，也未必能够在历史上留下声名。但人生行进，永无止期。所有事业有成的人，仍然在发奋努力。

努力才知不足，发奋未有尽时。

能否留名于史，这要赌天资，赌运气。

但意志果决地前行高攀，会让我们不再受制于狭小激愤的情绪，获得一颗平静快乐的心。

< 07 >

总结一下人生适应力的七个阶段。

第一个阶段：拒绝人生的为奴期，也是人生的不情愿时期。

第二个阶段：知道努力的学徒期，也是懵懂晦涩时期。

第三个阶段：老实规矩的做工期，也是刻板僵化、不知变通的阶段。

第四个阶段：匠心与匠气分离的中界期，也是渐入佳境的转化阶段。

第五个阶段：获得主动的为师期，人生始有成，能够引导人。

第六个阶段：有自己信念体系的成家期，能够保护弱者，庇护家人、友人。

第七个阶段：洞悉规律的成就期、自由期。

你在哪个阶段？又该如何努力？

‹ 08 ›

人心是个奇怪的东西，一念成佛，一念成魔。

人生如打牌，打来打去不过是那几张熟悉的牌。**让我们打好人生这场牌的，不是什么惊世的技巧，而是沉静的心与临场发挥的能力。**

心态与情绪，决定着我们此生的胜负。

一生之行，不过修心。

心平气和，始终保持冷静与温和，接受现有的，改善能变的，期待未来的。此前的定局，不会再改变；此后的变局，尽在你我手中。

人生的七个阶段，有的人会在一天之间完成，有的人却终其一生，泥陷于最底层。到底想要什么样的人生，希望自己在哪个位置，一切取决于我们自己，取决于我们是否愿意丢弃狭隘、悲怨与偏激，让自己获得快乐、开心与幸福。

认知升级：
爱上一匹野马，头上一片草原

< 01 >

有部贼棒的电视剧：《无证之罪》。

儿童不宜哟。

不是剧中有什么不妥的镜头，而是剧情触及人性最痛苦的部分：认知与成长。

成长始终是人类关注的主题，但人性中既有成长的因子，也有对抗成长的强大惯性。此二者让人陷入纠结，所以自我认知极为艰难。

最好的艺术作品，一定是演绎成长的。

《无证之罪》中的女主角，是个呆萌妹子。

呆萌妹子迷迷糊糊地在这世上生存。不是妹子智商低，而是她的人生难题来得太早，保护她的大哥从楼上摔下来，为了替哥哥筹措巨额医药费，她被迫跟了一个底层小老板，从此进入了人生成长停滞期。

亲情很温暖，故事好悲惨。

接下来，小老板不幸成为一桩谋杀案的受害人。

小老板的正牌太太纠合黑道背景的坏律师，向女主角追讨500万元。这实际上是赤裸裸的恫吓与敲诈，正常人遇到这事，至少有一万个办法轻松应对。但是可怜的女主角，她一个解决办法也没有。

更糟糕的是，能帮助她的人，只有她的前男友。

前男友恰好遇到妹子遭遇欺凌，于是勇敢地挺身而出，以他需要充值的智商成功地把自己和妹子拖进了凶案旋涡。

之所以陷入旋涡，是因为两人有着巨大的认知障碍。

⟨ 02 ⟩

世界是灰色的，人性是晦涩的。

世上所有的事，并无好坏之分，人也不是简单地分成好人、坏人。**你之所以遭遇坏人，只是因为有人窥破你内心深处的恐惧，乘虚而入，从中取利。**

比如剧中有一伙人，靠放高利贷为生。

这些人遇到警察，都是奉公守法的好公民，急公好义，正气凛然，阳光又透明，全身正能量，但遇到如女主角和前男友这样的认知懵懂的弱者，就立即露出贪婪本性，饿狼一样地扑过去。

这些人，就是正常态势下的灰色人士。

你强大，认知明晰，他们就是善人君子；你弱小，认知懵懂，他们就是杀人放火的黑道人物。

剧中的女主角和前男友不读书不看报，身边也没个明白人，这让他们心智脆弱，沦为污水池塘中的鸭子。

‹ 03 ›

污水池塘中的鸭子,是波兰诗人米沃什讲的认知故事。

有一天,诗人米沃什出门散步。一路行来,但见花红草绿,溪水清澈,美丽的风景让诗人沉迷流连。

正流连着,忽然闻到一股臭气。

什么味道?诗人诧异地拐过一个弯,只见一个积满了脏水的污泥塘中,一群鸭子正在臭水里欢快地扑腾。

诗人当时就震惊了,问路边的一个农夫:农夫大哥,你看那边就是纯净清澈的溪水,这些鸭子不去那里,却聚集在污泥塘中打滚,这是为什么呢?

农夫笑了:傻孩子,你真是个傻孩子,如果鸭子知道这个道理,那它还是鸭子吗?

正因为无法分辨清澈溪水与污泥塘,所以鸭子沉溺于臭水沟中。

正因为不知道世事的灰色本质,所以《无证之罪》中的女主角和前男友选择跳入了污泥塘,却以为自己在解决问题。

‹ 04 ›

前男友身处一家灰色的律师事务所里,又遇到个咋咋呼呼的灰色律师,所以他理解的世界,是威风凛凛的黑道大哥一手遮天的恐怖之地。

所以前男友认为,此事非得黑道大哥出马不可。有问题,找大哥。

前男友智商不在线,找的所谓的大哥是个底层的小混混。

小混混见到这蠢货，乐得差点没疯了，当即进入敲诈模式：哎呀妈，你死定了，咋惹上他们了呢？告你说，他们可是杀人不眨眼的……这样好了，你拿10万块钱来，哥哥替你摆平。

二货前男友和女主角赶紧把10万块钱奉上。

让蠢人保有他们的钱是不道德的。你说这女主角和前男友，挣10万块钱跟玩一样，有这些钱，还不如赶紧买几本像样的书，结交几个有认知能力的朋友。非要如污泥塘中的鸭子，一味地沉溺于低层次的认知中。结果怎么样？钱都让人家骗走了吧？

事情还没完。

坑蒙拐骗的小混混轻而易举地骗到10万块钱，乐得满地打滚。

打铁要趁热，再办了美丽的女主角。

于是又制造恐怖气氛，骗说对家带了手下兄弟，抄了家伙，要来寻仇，把美丽的女主角骗到无人之处，准备施暴。

不承想，女主角抵死不依，用力反抗，扑哧扑哧几刀，再加上追来的前男友咣咣咣几下重击，小混混被这俩人给弄死了。

‹ 05 ›

命案发生，警方开始追查凶手，很快查到了女主角和前男友身上。

万万没想到，当警方展开心理攻势时，女主角和前男友突然得到专业人士的智力加持，功力大增，居然越战越勇，越玩越强，滴水不漏，甚至玩弄警方于股掌之中。

认知迅速升级，警方无咒可念。

怎么会这样呢？

真要说破原因，会让人大哭一场的。

女主角和前男友因为外部环境压力，兼以自身对成长的天然抗拒，始终处于心智成长的停滞期。他们不读有益于身心的书，只活在内心的恐惧中；不结识有认知力的朋友，只活在封闭的小世界里。

可是忽然间，一群认知能力极强的人跑来，不停地秀智商，向女主角和前男友展示什么才叫有价值的认知。

女主角和前男友的认知环境大为改观。

正如从污泥塘中出来，跳入清澈溪流中的鸭子。女主角和前男友处于高压状态的心智博弈中，反而跳出停滞期，进入快速成长阶段。

洗净了心智上的恐惧污垢，认知如拂拭过的明镜，终于照见他们此前渴求而不可得的世事人性的本质。

终于完成了人生成长，只是代价太过沉重。

‹ 06 ›

哲学家尼采曾经说过，通往智慧之路有三个必经阶段。

第一个阶段是合群期。

这个认知阶段的人实际上没什么认知，处于学习阶段。

正如剧中的女主角和前男友，他们两个足够聪明，相亲相爱，甚至不乏勇气。但是，尼采说了，这个阶段，最重要的是找到引路人，找到那个能够引领自己、指导自己，让自己从困惑迷茫中走出来的人。

女主角和前男友就是因为没有找对人，像无头苍蝇一样在这世界乱撞，直到铸成无可弥补的大错，人生的引领者才飘然现身。你说这有多坑爹？

认知成长的第二个阶段是沙漠期。

此前的幻境被打破，尊崇的一切统统现出不堪的本相。幻灭带来绝望，但也让人从旧观念的束缚中解脱出来。自由的精神茁壮成长，再无牵挂，重估一切价值。

然后是第三个阶段——创造期。重建自我，重返认知的第一阶段。

咦，为什么要重回第一阶段呢？

虽然世界是灰色的，但我们所做出的一切选择是明确的。所以第一个阶段的认知其实并不是错的，只不过初始的认知是照本宣科的生搬硬套，而非出自内心智慧的本性。

如果一定要打个比方，初始的认知就好比一匹野马，你知道它能够带你远行。但你爱上一匹野马，头上必是一片草原。因为野马不听你的驱策，会把你摔个半死。

而当你否定又否定，经过成长重建自我之后，你自己就是那匹千里马。如尼采所说，认知尽出你心，从此你就是自己的命运！

〈 07 〉

成长是美好的事物，而悲剧是把美好的事物撕成碎片给你看。

千万别让自己的人生上演惨烈的无证之罪。

别迷陷于污泥塘一样的认知停滞期，别在铸下大错之后，才勉为其难地开始成长。

别停下，向前走。你唯一有把握的，是成长。

如果成长停滞，就会如剧中人，纵然善良、勇敢，满腔正义，亦如盲人骑瞎马，夜半临深池，总会遇到极坏的人、糟糕的事。

不是人心坏，不是事糟糕，而是你脆弱的认知皮壳承受不起正常的社会压力。

你越弱，坏人越多。你越不肯成长，越容易遭遇困境。

没有人是无所不能的！

明晰认知所带给我们的，是不再害怕未知。

不再恐惧，不被这灰色的世界所迷惑。不停止成长，宁愿承认自己始终处于半生不熟的中间状态。人生所谓的成长，就是要从懵懂阶段形成自我反省意识，知道自己的蠢，知道自己的笨。所以不能放弃学习，向书本学，向那些有成就的人学。

你可以选择做个普通人，但万不可做个拒绝成长的人。普通生活，其实是有着大智慧的。那些成长停滞、心智始终处于懵懂状态的人，总是会让自己的人生成为别人观赏的悲剧。从现在开始，让我们进入永不停滞的成长期，只有顺应生命意志，自然成长，才能获得平静的快乐与幸福。

人生顶级智慧：垃圾分类，从我做起

< 01 >

有所体校里有个蛮乐观的跳高选手。跳高要助跑，所以这名选手身材较瘦，就叫他瘦子好了。

但是瘦子越长越胖，不再是瘦子了。

教练就说：那啥，你干脆甭跳高了，改摔跤吧。

瘦子进了摔跤队，惊恐地发现，队友足足比自己多出10公斤，是个胖……不，是个壮硕的大个儿。

壮硕队友看到瘦子，顿时眼睛一亮：哇，沙袋来了！

于是瘦子就成了壮硕队友的专用沙袋，每天被摔成狗。

每次被摔倒，瘦子都疼得哭。疼，好疼，怎么摔得这么疼哟！

被摔两星期后，教练开始教导瘦子。这时候瘦子才发现，难怪自己被摔得那么疼，壮硕队友的动作是错误的！

于是瘦子就告诉壮硕队友：你的动作是错的。

是吗？壮硕队友乐了，抓起瘦子，嘭的一声，摔死鱼一样地把他拍在地上。

瘦子疼哭了，爬起来：你的动作是错的。

那咱们再错一个……壮硕队友再次把瘦子嘭的一声摔地上。

瘦子再说：你的动作真是错的哟。

嘭！再被摔倒。

瘦子被摔急了：你的动作是错的，你会被我摔的！嘭！他按标准动作，突然把壮硕队友背起来，像死狗一样摔在地上。

壮硕队友被摔，恼羞成怒，爬起来像抡破布一样，抡起瘦子一顿狂摔，差点没摔死瘦子。

教练急忙止住，并警告壮硕队友：你按瘦子说的来，原本你的动作就全是错的，告诉你多少次了，你都不肯听。从现在开始，让瘦子教你！

啥？他瘦子凭啥教我？

壮硕队友怒了，从此用更错误的动作更狠地摔瘦子。

＜ 02 ＞

瘦子一点招架之力也没有，被摔得好惨。但他咬牙顶住，一边观察壮硕队友的错误动作，一边用心揣摩标准动作的要领。

慢慢地，他掌握了标准动作，开始赢壮硕队友。

先是十场能赢一两场，然后被壮硕队友疯狂报复，摔到半死。

然后是十场能赢三四场，壮硕队友报复成功的概率越来越低。

再后来，摔上十场，瘦子能赢八九场。

壮硕队友急眼了，放弃摔跤规则，干脆大打出手，可全被瘦子用标准动作扑通一声摔地上。

摔也摔不过，打也打不过。从此壮硕队友就躲着瘦子，不再搭理他。

瘦子追着壮硕队友摔，心里却有说不尽的困惑：壮硕呀，你自己也知道，你的动作是错的。就因为你死活不肯改正错误动作，结果被我瘦子逆袭。可是你为何一说这事就满腹怒气，四处逃避，死活就是不肯改呢？

⟨ 03 ⟩

瘦子逆袭，狂摔壮硕队友的事情，是一位知名作家的亲身经历。

有些人，就是这样。固守错误，拒绝改正，坐看自己的处境一日比一日不堪。

改正自己的错误，真就那么难吗？

北方有条河。河东有个村子，河西也有个村子。

河东的村民种植黏玉米，收成蛮不错。河西有家村民也学着种，但产量上不来。

同样大小的地，河东村民能产2000斤玉米，而河西这户人家只能产出1800斤，比河东少了200斤，但收入比河东村民高出好多。

产量低，收入高，而且外边来的客户全都奔着河西这户人家去，争先购买他家的黏玉米，导致河西黏玉米的价格不断拉高。

为什么会这样呢？河东人困惑不解。

⟨ 04 ⟩

为了弄清原因，河东人机智地派出间谍。

终于弄明白了。原来，河西的玉米产量并不低，与河东一样，都是2000斤。

但是，河西这户人家只卖1800斤的大个儿玉米，剩下200斤的小玉米，连同秸秆，当饲料卖给了奶牛户。

明明大家都是2000斤，但河西人将自家的2000斤做了资产重组，分成了两部分。一部分仍然是玉米，1800斤，但个儿大饱满，质量明显比河东大小不齐、品质不一的玉米高。另一部分秸秆，因为有200斤的小玉米，质量也比河东的高。

分成两个部分，质量居然优于整体。好奇怪。

总之河西这户人家卖出的玉米少了200斤，但玉米质量好，秸秆质量更好，所以客户才会挤在他家门前购买。

全都看明白了。河东人果断决定：学！

⟨ 05 ⟩

河东人开始学河西的法子。

挺简单的嘛，就是把200斤未熟的玉米当成秸秆卖嘛。这么笨的招儿，傻子都会。可等做起来，大家惊恐地发现，这一招儿还真是只有傻子才会，聪明人根本学不来。

为什么呢？

很简单，当河东人开始收玉米时，心里念叨着学河西，要把小玉米当秸秆，留在田里。可等到开始，心里突然涌出无穷的愤怒：凭什么呀？凭什么？这都是我们家人的汗水浇灌出来的劳动果实。锄禾日当午，知道不？汗滴禾下土，知道不？种田真的好辛苦，知道不？辛辛苦苦种植的黏玉米，你竟然说是不值钱的秸秆，说是饲料，你凭什么这样污辱我们的劳动？

道理都明白，劳动不可辱！

所以河东的村民们气愤地把小玉米全都收下来，和成熟的大玉米混在一起。

结果，河东村民收获的仍是大小不一、参差不齐的普通货。

再气愤地把自家玉米摆出来，还是原来的质量，还是原来的味道，还是原来的价格。

< 06 >

一个年轻人，翻山越岭不远千里，去找传说中的智者。

找到后，年轻人问：智者啊，请你告诉我，人生最重要的能力是什么？

智者：垃圾分类，从我做起。

年轻人：啥意思？

智者：人类的天性是喜多而厌少，好得而贪多。就如同一个巨大的垃圾箱，良莠不分，泥沙俱下，把能抓到手中的统统都放进去，而且再也舍不得放下。

但优质的生命，恰好与人性相反。**伟人之所以成为伟人，不是因为他们事事伟大，只是他们善于剔除不堪。**

普通人之所以普通，不是因为他们没有伟大的梦想，也不是他们缺少伟大的行动。事实上，越是普通人，越会爆发出人性的光华。但是，普通人身上的人性光华，正如岩石中的美玉，价值虽高，却掺杂了太多的沙石。

美玉掺杂了沙石，那就是沙石。

正如一桶美酒，掺杂进一羹匙污水，那就是一桶污水。

正如一块美味的奶酪，掺杂进污泥，那就是一块奶泥。

剔除沙石，你就是美玉。

剔除污水，你就是美酒。

剔除污泥，你就是人见人爱、鼠见鼠欢的美味奶酪。

‹ 07 ›

人生不过是场摔跤。动作正确，瘦子一样把壮硕对手摔成狗；动作不对，纵然再壮硕，也会被小瘦子们当狗摔。

把错误的动作剔除出去，就正确了。

人生不过是种玉米，大家种出来的，其实都是普通玉米。把还不成熟的部分剔除，就优质了。

2000斤的普通黏玉米分成两部分，就得到了1800斤的优质玉米和更多数量的优质秸秆。

普通的东西，分开重组，居然得到更优质的两部分。一个2拆开，得到两个1.5。

这就是实践的智慧。与我们的日常思维恰好相反，与人性也相反！

正如智者所言，人性贪多务得，细大不捐。不管好的坏的，一股脑地收入囊中，直弄到泥沙俱下，鱼龙混杂。看起来琳琅满目，丰富多彩，实则降低了自我生命成就与质量。

明智的人生，不过是学会垃圾分类。拆分自我，优化重组。

优质的部分，大于优劣混杂的整体。

人生其实就是个不断拆分重组的过程。只不过这个过程往往是无意识的，在你没有感觉之时，就已经悄然发生。正是这些无意识的选择，才组成了今天的我们。同样是无意识的选择，让我们长大之后，发现许多美好的东西竟然与我们渐行渐远。少时我们纯真、热烈，充满理想与信念，长大后却成为一个庸庸碌碌的人。那些美好的、优质的东西，于成长过程中被剔除了。

现在是正视自我重组的时候了。既然重组时刻在发生，那就顺应我们的心，而非人性中不堪的一面。**选择美丽的，剔除污秽的；选择正确的，剔除错误的；选择优秀的，剔除不堪的；选择快乐的，剔除忧郁的；选择智慧的，剔除愚昧的。**

人生终究不是一个垃圾箱，被塞入什么，就憋屈在阴暗之处发霉变质。我们是有自主意志的，是可以决定自身选择的。那就把所有不堪的记忆与行为彻底抛出。当我们这样做了，才会惊讶地发现，此前那些积压在我们心上，让我们日趋不堪的一切，使我们根本就不是我们自己，只有剔除多余的污秽，才能看到更优质、更美丽的自己。

独立而不孤立，自强而不自闭

< 01 >

台湾有个梁凯恩，脑子好像不太够用，高中读了9年，都没毕业。

后来就在路边摆摊，却被警察盯上，一个晚上被警察追赶7次，追得他像狗一样挑着担子，在长街上狂奔。

觉得自己太惨了，人生就是个悲剧。

不想活了，跳楼吧。跳楼之前，唯一的心愿就是看场电影。

看完人生的最后一场电影，他惊呆了，原来人生不是自己想象的那个样子。

那还犹豫什么？从此不顾脑子不够用的劣势，换个方法努力。

后来的梁凯恩，成为一个集团的董事局主席，以及某知名杂志的行销总监。

< 02 >

梁凯恩，不是世界上唯一被这部电影改变了命运的人。

如果有谁在现实生活中遇到了困境或麻烦，铁定是因为没看这部电影。

这部电影，所有学校都应该组织老师看，老师应该带着学生看，学生应该推荐爹妈看，爹妈应该推荐给隔壁老王看。

曾让无数人恍然醒悟，走出人生逆境的影片，到底是哪部呢？

电影的主角，是个穷孩子，爹不疼，妈不爱。孤身飘零在野外，读书上学送外卖。同学都是富二代，自己饿到脸色菜。靠了助学金，勉强把书读下去。

有天晚上，他和一个富二代同学看见灯柱下有几个坏同学正鼓捣什么。

只因多看这一眼，人生从此更悲惨。

隔天，校长到学校，发现灯柱上挂着个大气球，气球上画着校长大人正仰着脸，舔有钱人的屁股。

吧唧吧唧，有滋有味。笔法生动，栩栩如生。

校长急了，啪的一声捅破气球。哗啦啦，气球里淌出脏东西，弄了校长一身。现场学生发出一阵狂笑。

校长恼羞成怒，立即展开调查，查出来穷孩子和富二代是目击者。

两人被叫到校长办公室，安慰富二代几句，单独把穷孩子留下，给穷孩子两个选择：一是勇敢和坏人坏事做斗争，说出是谁干的。说出来，就推荐他去哈佛读大学，而且还有奖学金。二是如果不说，就立即开除！

< 03 >

穷孩子犹豫不决，是说呢？还是说呢？还是说呢？

这时候富二代来找他：嘿，哥们儿，出卖同学，还想不想混了？听好了，咱们的事自己解决，不告诉爹妈也不告诉校长，好不？

穷孩子不敢反抗，就说：行。

然后富二代立即回家，告诉了爹这件事。

穷孩子发现后急了：不是说好的，不告诉父母吗？

富二代：你不懂，我爹有势力，让他出面，才能摆平这件事。凭我爹的本事，轻松保住我！

保住你，那我呢？

可怜的穷孩子进退两难：说出来，就会被同学们打死；如果不说，又会被校长弄死。

说亦死，不说亦死，然则何处有活路耶？

这就是世间穷孩子最大的悲哀，总是为别人的错误付出代价。因为他是所有柿子中最软的那个。

< 04 >

绝境中的穷孩子还有个更大的人生难题：活下去。

别人放假去玩，他要打工赚学费。

正好接了个活，照顾一个失明军人。不承想，对方极端不可理喻，见面就侮辱他，骂他爸损他妈，嘲笑他穷到只能吃土。

看在对方有眼无珠的份儿上，忍了。

接下来，失明军人带穷孩子出门，疯狂讲黄段子，飙各种脏话，听得穷孩子精神崩溃，强行按捺住犯罪冲动。

再走下去，穷孩子就发现不对了。失明雇主不顾残疾坚持出门，是要完成六件事。

第一，出门旅游，玩够疯够。

第二，住豪华酒店，吃美味大餐。

第三，找个最漂亮的妹子，闭眼泡之——这段情节是电影中的闪光点，一个绝色妹子被失明雇主带着穷孩子大泡特泡，泡到迷迷糊糊、骨软筋酥。

途中，听穷孩子说起自己的困境，雇主好开心：哈哈哈，你死定了！哈哈哈，你会死得好难看好难看，哈哈哈！

人生最开心的事，莫过于听说别人不开心。

然后雇主说：孩子，人生好比跳探戈，出错或遇到麻烦是再正常不过的。但不管遇到多少麻烦，都不会妨碍你继续把舞跳下去。

第四件事，雇主去探望亲戚，对亲戚说脏话，尤其是见到侄儿媳妇，更是秽语不断，当场被亲戚打出门。

雇主要做的第五件事是：飙车！

雇主双目失明，根本看不见路。看不见路，也要瞎飙！人生于世，就是要率性由心。

飙车之后，雇主准备做第六件事：自杀！

⟨ 05 ⟩

好端端的，雇主为啥要自杀呢？因为脑子不够用！

这位雇主，其实是位蠢萌人士，存在感缺失，所以总是走极端，故意发表耸人听闻的言论，以突显自我。

后来他从军，居然风生水起，差点混进白宫，跟总统斗地主。

可是他太爱瞎显摆，没事时玩手雷，手太贱，嗖的一下把引线给拔了。

砰的一声巨响，手雷炸了。运气还算好，只炸了个双目失明。从此更加愤愤不平，听什么动静都不顺耳，逮谁骂谁，脏话不断。

这样的人生，有意思吗？不如去死！

穷孩子拼命劝阻雇主：乖哦，咱们做个乖宝宝，不自杀好不？

雇主：不好，一定要自杀。

穷孩子：为什么非要自杀呢？你自己不是说过吗，人生好比跳探戈，不管错得多离谱，都不会影响你继续跳下去。

雇主：少来说我，你自己都死定了，知道不？

说到这里，雇主真的改了主意：要不我先不自杀，先活着，看看你的人生悲剧，也好开心开心，如何？

⟨ 06 ⟩

穷孩子回到学校，接受校方的最后制裁。

校长当着全校师生的面，对他穷追猛打：说，你到底说不说？

穷孩子：……不想说。

开除！

绝望关头，军人雇主闪亮登场，指着校长鼻头，一顿臭骂：学校教育，要培养的是什么人？是正直的人，勇敢的人，无畏的人，有良知的人！可是你竟然强迫他做出卖同学的小人，强迫孩子告密。孩子坚守他内心的良知，有什么错？你们竟然要惩罚他，真是岂有此理！

哇啦哇啦，军人雇主一口气说了好多，字字经典，句句精彩。

瞬间扭转败局,校董事会被说服,转而投票支持穷孩子。所有同学疯狂地为穷孩子鼓掌。

到此,穷孩子才终于明白,他究竟遇到了什么。

< 07 >

尴尬人遇尴尬事。

为什么越穷、越惨,越容易陷入困境?

因为你落了单,陷于孤绝。孤独者太弱,事事皆难题。

影片中的穷孩子,正直、仁义又勇敢,但就是缺了个爹。没有家人关爱,遇事只能自己死扛。就如同一枚脆弱的鸡蛋,暴露于铁锤之下。不砸他砸谁?

人生的问题分为两种:一种是你必须独立解决的,另一种是需要求助家人,合力解决的。

影片中的穷孩子和他的雇主所遇到的都是第二类问题,但他们都以为自己遇到了第一类问题。所以拼命孤立自己,想挑战自己,结果越孤立越无能为力,最后彻底把自己憋死。

你或许解决不了自己的问题,却能为别人的问题提供解决方案。

别人或许无法应对自己的人生难题,但摆平你的,轻而易举。

人才是世界上最完美的答案。**要独立,要自主,但任何时候,不可以让自己陷入孤绝。**

‹ 08 ›

这部电影，叫《闻香识女人》，演的是两个陷入绝境的蠢萌人，彼此成为对方人生问题解决方案的故事。据说这部影片拯救了许多陷入困境的人，最好看看。

人生成长，过犹不及。

最容易犯下的错误，是把孤立当成了独立，把自闭当成了自强。

遇到麻烦，打死不告诉家人，一个人咬牙死扛——但许多事，你根本扛不下来。

而且，你的对手正巴不得你陷入孤立，然后灭掉你。

当你的麻烦只涉及一个人时，努力自己解决。当你的麻烦涉及不止一个人，尤其是涉及群体时，已非你个人能够解决。

保持与家人的联系，让家人做你的后援团队，让父母做你的智囊。

人生如凛冬，抱团才强大。所有的智慧，不过是教你如何开外挂。

500多年前，阳明先生说，人生处处皆智慧。但如果你过于闭锁自我，陷入孤立，如同一只刺猬，遇事先把自己弄成个球，那么你的人生就只能像球一样滚蛋。**所谓人生死结，都是自己系的，是自己钻牛角尖思维带来的心灵闭锁**。所以解铃还须系铃人，打开人生，打开问题，打开心，开放的心没有疑惑，开放的问题会有着无数的答案。独立而不孤立，自强而不自闭，这时候的你，就最大限度地接近了智慧本身，接近了快乐与幸福的人生本质。

出来混，其实用不着学太多东西

‹ 01 ›

出来混，其实用不着学太多东西。幼儿园阿姨教的那些，就够用了。

不骂人，不掐架，不贪图便宜。闲时不号哭，忙时别胡闹。不给别人添麻烦，发奋努力让自己优秀，始终保持快乐的心境。

多简单呀！

可为什么有些兄弟一路疯学，学士、硕士、博士、壮士、勇士、烈士，学到满腹经纶，文凭摞起来比人高，混迹江湖，还那么费力呢？

这个……大概或许可能，是我们往自己身上添加了许多奇怪的东西吧。

< 02 >

美国行为经济学家丹·艾瑞里有段日子过得很惨,后来渐有起色,就想享受人生,买艘大游艇,邀三五靓妹,遨游江河湖海。

但手头的钱还不够买艘新艇,那就看看分类广告,买个二手货。

果然有,有艘状态完美的二手游艇正在出售。

打电话联系,过去一看,艾瑞里就乐了。卖家是个老熟人,一家医院的院长,正直善良,医术不凡,救死扶伤,凡事只让自己吃亏,绝不委屈别人那种。

艾瑞里放心了,正直的老院长绝不会骗他。

跟在老院长身后,到了码头。就见老院长满脸献宝的表情,唰的一声掀开帆布,露出水面上的一艘……一堆垃圾。

游艇呢?艾瑞里还没想明白,就见老院长指着那堆垃圾,用激动到颤抖的声音说:看到了没有,你见到这美丽的游艇,才知道什么叫完美!

完美?

艾瑞里说:如果警察不管,我想我会当场掐死他。

< 03 >

正直的老院长怎么突然心性大变,想把一堆垃圾当游艇卖给他?艾瑞里困惑不已。

两年后,他换了工作,也想换辆车。

手头的车已经开了14年。14年的风风雨雨,这辆车见证了他人生的起起伏伏,几乎是他身体的一部分。

除了发动机动不动就熄火，油门跟刹车不定时变换，车门在行驶中经常自动打开之外，此车堪称完美。

舍不得卖呀。但还是应该出让，让别人也获得这完美的享受，自己捎带换辆新车。

委托经纪人登分类广告。

经纪人和他商量：你看这破垃圾……不是，咱们这车太好了，你看标价5000美金如何？

啥？艾瑞里震惊了：你这说的是什么话？这么完美的车，8万美金都舍不得卖！

可是大哥，这种车刚出厂的全新款，也不过4万美金出头。

才4万美金！艾瑞里心如刀割：算了，人生最重要的是付出，我就4万美金卖了。只要别人获得幸福和快乐，我付出再多，也无怨无悔！

‹ 04 ›

广告登出，果然来了买主。

艾瑞里掀开罩在车上的帆布，热情洋溢地开始介绍：这位哥，听我说，此车好到没法说。刹车给你向前冲，油门刹停轰隆隆。飙行车门突开启，让你人生好惊喜。此车才开14年，售价低到4万元。至尊享受没法比，买回家去乐死你。虽然经常爱趴窝，一天10次不嫌多。忍痛割让舍不得，大爱奉献就是我……

等等，对方突然止住他，拿手在他眼前晃了晃：喂，我说老兄，你神经没问题吧？就这么一堆垃圾，你敢开价4万美金？

垃圾？垃圾在哪里？

你自己好好看清楚，这不是垃圾是什么？

艾瑞里：大哥，你可以污辱我，不许污辱我的车。此车曾经救我命，青春岁月伴我行。风里雨里14年，夜夜陪我把家还。

对方：就算这车救过你亲爹的命，它也是堆垃圾。告你说，做人做事别太夸张，信不信，如果警察不管的话，老子今天就掐死你。

呃，对方的话，好熟悉哟。

‹ 05 ›

风水轮流转，报应一时爽。

两年前，艾瑞里因为老院长把垃圾当完美游艇卖给他而愤怒。两年后，他却把自家的垃圾当完美汽车开出高价，激怒别人。

怎么会这样？

困惑的艾瑞里去找他的朋友——一位生物学教授倾诉委屈。

那位教授听了，说：这事正常，你这属于典型的蜥蜴认知。

什么叫蜥蜴认知？

教授说：以前，我养了一只蜥蜴当宠物。我很喜爱它，牛奶面包，火腿煎蛋，各种低脂高蛋白食物，统统给它奉上。

可是蜥蜴一动也不动，什么也不吃。我哄它、劝它、求它，循循善诱，苦口婆心，它就是一动不动。

眼看着一天天过去，蜥蜴越来越瘦，快要饿死了。

忽然有一天，来了个二货学生，她拿我的宠物当狗，把片火腿随手一扔。只见饿得半死的蜥蜴突然眼睛放光，嗖的一下跃起来，吞下了那片火腿。

原来蜥蜴不是绝食，它只懂得捕猎动态食物。

教授说，蜥蜴是纯本能生物，完全靠基因驱动。见到动的物体，就嗖的一下扑过去猎食。

在蜥蜴的认知里，潜行，发现移动物体，疾速扑猎，是一个完整的过程。少了一个步骤，蜥蜴就蒙了，只能趴在原地饿死。

但人类的猎食习惯，简单、直接、粗暴，高效，甭管静态食物还是动态食物，有吃不吃猪头三，统统吞掉没商量。

蜥蜴的猎食习惯，被基因附加了额外的步骤，太复杂。所以蜥蜴才会成为人类的宠物。

⟨ 06 ⟩

人类的认知，就像个堆满杂物的房间。

一艘游艇，使用太久，已经成了垃圾。但在使用者心中，这垃圾非同小可，它承载着自己家人的幸福，承载着自己旧时的爱与希望。

一辆汽车，早就成了废铁，可在艾瑞里心中，这辆车是他成长岁月的记忆，与他的生命须臾不可分离。

游艇出海就散架，破车刹车变油门。可这些问题，在当事人娴熟的使用中，已经和自己的习惯合并。老院长能够熟练自然地操作游艇，不使其散架沉没。艾瑞里知道什么时候刹车变油门，也知道行驶中车门何时会突然打开。这些致命缺陷，在他们看来不过是操作习惯。

他们为自己的垃圾添加了太多的附件：美好的记忆，自如的习惯，朝夕相处的感情，以及厮守日久，不舍须臾的天性。

这些东西，遮盖了垃圾的本质。

正如捕食的蜥蜴，基因为它的猎食添加了一大堆奇怪的流程，这些流程遮蔽了它捕食的本质，让它于优裕的环境中丧失存活能力，奄奄待毙。

〈 07 〉

教育，是为了让我们获得看透事物本质的能力。

但在成长过程中，许多奇怪的东西会自然而然地生出，堆积在我们的认知里。

杂物一旦堆积在我们的认知里，就不动如山，万难撼动。

占据我们认知的杂物，大概有五类：

一是基因密码。告子曰：食色，性也。基因把我们打造成了捕猎异性的"机器"，所以许多人停滞在本能生存状态，只看到欲望，看不到陷阱，只看到美女，看不到人家的老公，见到美女就哇的一声扑过去，结果被人打个半死。

二是情绪。人是情绪化的物种，冲亲人吼叫，在外人面前却客客气气，活得低三下四，内心憋屈至极。内心苦痛之人，多是为偏执的情绪所吞噬。

三是局部认知。比如有人喝茶时，先搁茶叶，再倒开水，就以为天下的茶全是这般喝法。但在有些地方，是先倒开水，后放茶叶。我们总认为自己所见的就是全部，其实许多认知，都能找出反例。

四是习惯或偏好。习惯是自身与周边环境的固定互动模式，久而久之构成自我的一部分。有些人习惯固化，认知也固化，总是看有些人不顺眼，其实对方只是与他们的生活习惯不同而已。

五是旧的自我积累。就如故事中的艾瑞里和老院长，他们的垃圾已和自我合成一体，太深的感情与眷恋让他们无法看清真相。

要穿透基因、情绪、局部认知、习惯与我执，最终看清楚事物的本质。

‹ 08 ›

抓住本质，才会有的放矢，才会做正确的事，说合适的话，人生才会变得简单、自如。

看不到本质，就会陷入情绪化的悲愤中，感觉这世界处处跟自己过不去。

没人跟我们过不去，是我们自己跟自己的认知过不去。如那只饿得半死的蜥蜴，食物明明就在嘴边，却仍然满腹悲愤，不知吞食。

千般苦，万种疼，不过是我们自己把事情弄复杂了。

就让我们简单些吧，直面本质，穿透复杂。知道基因仍然在控制着我们，知道情绪会将我们吞噬，知道旧的局部认知和习惯偏好与我们须臾难离，知道昔日美好的一切会让我们抱残守缺。学会享受人生，时刻保持明晰的认知。人生始终在前行，时代在变化，物是人已非，唯有简单纯净的认知，才能让我们步出迷乱的渊薮。人生百年，最终什么也无法带走，只有明净快乐的认知，如熊熊炬火照亮我们此生的行程，让我们回顾来路，此心光明，微笑不语。

人生没有地图，只有指南针

‹ 01 ›

奥数风行时，曾出现过许多奇怪的坑爹题。

如果有奥数坑爹题排行榜，下面这道题多半会入围：

有只可爱的小熊，走路时不小心，失足掉进一个大坑。已知可爱的熊宝宝坠落的速度是每秒10米，请问这只熊是什么颜色的？

最坑爹的奥数题难得孩子哭成狗，父母启动社会资源，寻找答案。

先找学神。学神说：题目中给出的信息与问题无关，此题无解。

再找学霸。学霸说：地球上，物体下落的重力加速度是9.8米/秒^2。只有在南北极，重力加速度才会大一些，下落速度才能达到每秒10米。南极没有熊，只有北极才有，因此掉进坑里的应该是北极熊——白色的。

答案靠谱，孩子赶紧写上。

交给老师，老师微笑着打了一个巨大的叉。

错了。

< 02 >

老师说：这只熊实际上是灰色的。

北极熊的下落速度达不到每秒10米。只有距离极地最近的西伯利亚小熊，毛发稀疏，模样超丑，掉进坑里时，下落速度才有可能达到每秒10米。

西伯利亚小熊是灰色的。

所以标准答案是：灰色。

这道题，同学们几乎都答错了，除了一个三天打鱼两天晒网的学渣。

学渣成绩那么差，怎么偏偏答对了这道题呢？

原来，学渣太渣，只知道世上有黑熊，不知道熊还有其他颜色，所以拿笔就要填黑色。但是他太渣了，渣到不会写"黑"字，就干脆填了个"灰"字，反正黑灰差不多。

< 03 >

弄道题出来，学神不会做，学霸回答错，反倒学渣瞎猫碰到死耗子。这叫什么事啊！

所以公众吐槽，别再这么搞了，神经受不了。

然而，神经受不了就对了！

事实上，这道题才是最有价值的，它几乎是人生的缩影和翻版，特点是条件不充足情况下的人生决策。

你的人生，不是在给出全部资源与条件的情况下才出发的，都是在资源与条件完全不具备的情况下闭眼前行。

人生所有的重要决策，都是在条件不充足的情况下做出的：

高考时，报什么志愿？填哪所学校？

完全是依据分数，往最体面的学校里凑，至于这所学校于自己的人生到底有多大价值，鬼才知道。

恋爱时，找哪个妹子？

完全是看哪个妹子距离自己较近，可能你人生中最佳的妹子在地球的另一面，一辈子都见不到，哪有挑选余地？

开创事业时，去哪家公司？做什么工作？

哪家公司要你，就赶紧去瞧瞧，你又不是人民币，大家都抢着要！

条件与资源不充足时，你只需要一种能力：对现实社会的适应力。

〈 04 〉

有位很有名的教授，开学第一课会问学生这样一个问题：你们来大学里，想学到什么？

同学们纷纷回答：学知识，学理论，学体系，掌握思想……诸如此类。

等学生们回答完，教授就会诡异地一笑：你们答得都对。所以当你们步入社会时，就会统统死掉！因为你们追求的，是一个确定性、封闭性的答案。

而现实，是不确定性、开放性的。

你们在高校里，是想找到一张人生地图，但你们的人生没有地图，只有不同情况的临机选择。

所以你们需要的是指南针！只能告诉你们一个美好幸福的方向，但没有路径。

诚如鲁迅先生所说，人生本没有路。你走出来，就是你的路。

⟨ 05 ⟩

有些人，生活在固有的认知与环境中。给他们一张地图，他们知道该怎么走。可如果只给他们一枚指南针，他们就蒙了。

明清年间，一个书生矢志求道，避居荒野做隐士。

隐士以茅草为屋，以野果为食，全身上下只裹一片兜裆布，彻底远离尘世。可万万想不到，茅草里有老鼠，老是啃咬隐士的兜裆布，咬得隐士心里发毛。

他只好去有人烟的地方讨来只小猫驱鼠。但只吃老鼠，口味单一，小猫抗议，想要出走。

为了留住小猫，隐士不得不弄来头奶牛，挤奶给小猫喝，自己顺便也喝点。可是奶牛无人照管，所以必须再雇个放牛工。

放牛工来了，但要求工作场所必须有几个妹子，男女搭配，干活不累。

妹子们来了，追求妹子的各种小哥也来了。给相爱男女搭建房屋的人来了，提供现金流的钱庄来了，负责调解打架斗殴的官府也来了。所有人都来了。

隐士恍然大悟：人生就是个开放系统，越是一味逃避，越是逃无可逃。**你必须学会于人群中保持自我，必须学会于杂乱纷繁中建立起自己不充足条件下的认知体系。**

< 06 >

人的能力，大概是个常数。**有多少固化的认知，就失去多少适应能力。**

我小时候超爱吃冰棍，甜丝丝凉飕飕，是我心中最美的美味。还有隔壁的鼻涕妹，老是尿床，爹妈往死里打她，她就狼一样地长号，让我好心疼。

有一天，父亲问我：熊孩子，你长大后想要做什么？

我响亮地回答：吃冰棍，娶隔壁的鼻涕妹。

你这理想也太差劲了。父亲循循善诱：孩子，你是男人，男人要闯天下，见世面，获得洞悉天地的大智慧。

从此我立下志愿：长大后闯天下，见世面，起智慧，吃冰棍，再娶隔壁的鼻涕妹。

在我这里，吃冰棍与娶隔壁的鼻涕妹就是已经固化的认知。

当这些固化的观念瓦解冰消、升级换代，就意味着成长。

< 07 >

普通的教育者关注教导学生固化的知识。狂背书，死做题，拿高分，就这些。但高明的教育者更多的是从不确定性入手，启发学生在条件不充足情况下的应对能力。

有位教授，特爱搞怪。他出考题，有20分是白给的——再普通不过的常识；还有80分，答案完全不确定。

比如教授会问这样一道题：你是个警察，正在值夜班。报警电话被一个精神病人打爆，这位精神病患者非说他的窗外有一群外星人要钻进来揍他。你去现场看过了，发现患者住在19楼，窗外根本没有外星人。可患者投诉你不顾人民群众死活，不撵走外星人。问题是，患者占据这条电话线路死活不放，真正的危情电话打不进来，会耽误大事的。你要如何劝解，才能让这个疯子别再打电话了？

教授说：人长脑子，就是用来处理非常态事件的。如果你的大脑僵化度过高，遇到这类问题就傻眼，那么在其他事件上，你也肯定会磕磕绊绊，苦不堪言。

< 08 >

普通人求知识，扩大认知确定面。真正的高手，只求一枚指南针，找准方向，而后培养自己在不充足条件下的决策能力。

人生充满了不确定性，始终是条件不足，始终是资源不够。

所以很多人羡慕猪，羡慕宽裕人家养的猫和狗。因为猪、猫、狗生活在一种确定性中，可是猪是以挨刀为代价，才换得暂时的安逸；而宽裕人家的猫或狗，无力主宰自己的猫生、狗生。

不想挨刀，想要主宰自我，那我们就必须吹响号角，向不确定领域进军。

首先要知道，已知并非全知。

其次要知道，你知道得越多，固化的认知就越多，灵动的活性空间就越小。

当你自信满满，感觉掌控一切之时，恰是最危险之时。

当所有的条件充足，资源充足时，你基本上就死定了。因为现实是开放的，一定有更大范围的不充足与不确定为你所忽略。**必须要把**

我们的思考重点转移到不充足、不确定上来，培养一种不把话说死，不把事做绝，可进可退，自如转圜的能力。这种能力是油滑的背离面，不是只保护自己，而是求之于更好的效果，让更多的人从中获益。这种能力距离智慧最近，它源自我们心中的自尊意识，源自我们对世相的深刻洞察，源自我们对自身智力资源的爱惜与充足有效的开发。

做一个快乐而简单的人

第四章
跳出认知的坑，成为快乐的蠢货

认知的贫富差距

‹ 01 ›

有个学子,准备出国。父母请来清华大学的教授宁向东。

请问教授:去哪个国家?读哪所名校?什么专业含金量最高?

万万没想到,宁教授说:出国嘛,千万别把上课当回事!重要的是旅行,与人接触、交谈,到处去看看。

宁教授说,听了他的话,可怜的孩子当时就崩溃了,完全不知所措。

宁教授不知道,不同认知层次的人,会有交流障碍。

‹ 02 ›

有个很出名的故事,说有位妈妈,带着未成年的女儿逛街。

逛街回来,女儿画了一幅画——《陪妈妈逛街》。

妈妈拿过女儿的画,瞪眼一看,顿时蒙了。女儿的画上没有车水马龙，没有高楼大厦，也没有诱人的包包，只有一根又一根奇怪的柱子。

女儿画的是什么？

妈妈端详半晌，突然醒过神来——女儿画的是一条条人腿。

原来，女儿年幼，个子特矮，被妈妈牵着手走在街上，根本看不到成年人看到的车流、商厦。她看到的只是无数条成年人的大腿，摆来动去地遮住视线。

认知高度不同的人，看到的世界是不一样的。

⟨ 03 ⟩

我小时候，曾在很穷的乡下生活。

每年村子里都要分红薯，把红薯归拢成一堆堆的，看起来差不多，但又好像有区别。所以，为了公平起见，全村人抓阄，抓到哪堆算哪堆。

有个村民抓到了6号，另一个村民也抓到了6号。

咋弄出两个6号呢？

其实这两个村民，一个是6号，另一个是9号。问题是，6号堆明显大于9号堆，所以两个村民都说自己是6号，寸步不让。

争执，吵闹，动手厮打，一直闹到村支书面前。

村支书过去一看，发现9号红薯堆明显小于6号堆，于是果断从自家的红薯堆里拿出两个红薯放进9号堆，终于平息了纷争。

然后，村支书冷笑说：这俩笨货，也就是一个红薯的出息了。

果然，大学毕业后我重返乡村，看到那两户争红薯的人家，一户门楣破败，一贫如洗；另一户家徒四壁，空无所有。

04

人类的认知好似一个巨大的天坑，呈漏斗状排布。

越往下，所见越少，机会越少，越是感受到社会不公，愤怒无比。

越往上，所见越多，机会越多，越是感觉世界美丽，风光无限。

下愚莫揣上智，泥陷于认知漏斗底部的人士，看不到上层认知的风景，根本听不懂认知更豁达的人在说些什么。所以，清华大学的宁向东教授教导那要出国的孩子别把上课当回事，那孩子就蒙了。

我们可以把认知漏斗做个解析，大概分为九个层级：

最底层，也就是第一层级，只知好恶。

这是婴儿状态的人类，饿了就吃，不分场合；撑了就拉，不分地点。这也是极端情绪化的一类人，认知不足的困扰让他们总是陷入窘态，却找不到解决的办法。比如电视剧《人民的名义》中有个大风厂职工王文革，他是个受害者，股权被贪官和奸商合伙弄走了，他因此陷入狂怒，拿刀架在老干部陈岩石的脖子上。结果，王文革同志和贪官们一起入狱。现实中有许多这样的人，一生也走不出自己的情绪，所谓维权，多不过是孤注一掷的情绪宣泄。

第二层级，墨守成规。

宁向东教授引导的孩子，就处于这个认知层级上——这孩子根本就不明白，书本上的东西并不重要，重要的是自己的见识与认知。爹妈送你出国，不是让你读书，而是让你成人！是让你认识普遍的人性、普遍的社会规律，并于不同社会的差异性中获得更具价值性的认知。

第三层级，认识到规矩的局限性。

最守规矩的孩子，也是学校里最让老师省心、懂事、听话的孩子。但这类孩子进入社会后，多半会遭遇挫折失败。因为这类孩子只是因为恐惧而不敢乱说乱动，等到他们知道许多所谓的规矩，不过是成年人社会出于省心目的而承袭的惯性，才能从恐惧中走出来。

在这里，有一条隐秘的贫富分界线。过于情绪化的人、墨守成规的人、满心恐惧的人，都会感受到极大的生存压力，必须继续上行，才能突破。

⟨ 05 ⟩

第四层级，明是非，知大体。

学习规矩，乖巧听话，这是对幼儿的要求。到了少年时代，孩子们的行动能力提升，就要明是非，知道有些事不能做，有些话不能说，也就是遵奉社会的主流价值观，哪怕这个价值观完全不对自己的路子，却是维系社会运转的唯一体系。所以，这是个血气方刚，努力向世界证明自我的过程，但如果不能超越这个阶段，就无法突破自我。

第五层级，认识到是非的局限性。

这个阶段的人，知道了人类社会是发展变化的。有些看似牢不可破的金科玉律，会随着历史的发展而变得落伍。这时候的人开始思考，开始行动，开始接受一个不确定的世界；从此不再固执，不再执拗，知道了每个人眼里的世界都不同，每个人的认知与价值体系都不同，从此变得温和起来，不发脾气，不闹情绪，生存处境开始改变。

第六层级，认识到现实资源的有限性。

什么叫现实资源的有限性？就好比我小时候，村里分红薯，红薯的数量有限，你多拿走一个，我这边就少了一个。无论这些红薯怎么分配，都是绝对的不公平——按人口分，家里壮劳力多的人不干；按劳动贡献来分，贫弱之家就有可能被饿到。人类社会的一切愤怒、冲突、怨气与对抗，都来源于资源的匮乏。现代社会最匮乏的是注意力资源，权力与能力争夺稀缺的社会注意力，带给更多人极大的困扰。

在这里，有一条不可见的生存线。处于这个层级的人士，是具有一定生存能力的人。在穷寒国度，他们能够存活；在发达国家，他们构成中产阶级；在咱们这旮旯儿，他们是背负着沉重压力的社会中坚，吃饭不愁，钱也不缺，就是心里总七上八下——因为他们处于中间状态，心如漂萍，无根可依。

那就继续往前走好了。

‹ 06 ›

第七层级，认识到人的发展性。

什么叫人的发展性？就是你的选择和努力，可以改变你的环境与命运。比如30多年前的马云，那叫一个凄惨。他到处求职找工作，和朋友一起考警察，去了5个人，考取了4个，只有马云没考取。听说肯德基是个人就要，又和朋友们去肯德基应聘，去了24个人，肯德基收下23个，就是不要马云。最后逼得马云自己开公司拉业务，结果现在网上还能看到他拉业务时被人贬斥的视频。

再比如范雨素，她家境贫寒，12岁独闯海南，终未能改变命运分毫。但她从未放弃梦想，一边带着女儿在北京务工，一边学习写作，终在44岁时迅速火爆。还有更多的人，仍然在默默无闻地努力，他们不会再是马云,甚至未必会成为范雨素,但当他们走过漫长的人生路,回头再看时,就会发现人生的处境已经大为改观。

所以,这是一条经济自由线。明察趋势、敢于行动的人,总会遇到他们特有的机会。我们拦江书院有很多这样奇怪的人士,他们改善自我认知,通过自己的选择和努力走出命运的低谷,获得展望未来的更好机会。

⟨ 07 ⟩

电视剧《人民的名义》中,率先出场的是京城小官赵德汉,他家里藏着两个多亿现金,却哭着说:我好穷啊,真的穷怕了。

另一个反角祁同伟,也是穷乡僻壤出来的凤凰男,做了省公安厅厅长后,乡人络绎不绝求助。结果祁同伟遭人羞辱:你是不是想把你们村的那条野狗弄到公安厅来做警犬?

这两个角色,都是靠权力成就,自身认知并没有跟上。结果一个是有钱不敢花,另一个是有权不会用,古人称为"德不配位,必有灾殃"。因此他们才会落入人性的陷阱,沦为剧中的反角。

所以,**认知的第八层级,是认识到万古不变的人性与社会规律。**

认识人性,说透了就是认识自己,就是认识到自己心中的纠结与残缺,认识到每个人与生俱来的苦伤,认识到人在社会上的表现充满了无尽的矛盾与困惑,认识到人幼年的缺憾会构成他终生走不出的陷阱。这时候你对人再也不会有恨意,不会有怨言,因为你知道众生皆苦,终不过是庸人自扰。

第九层级,认识到人生的至高意义与价值。

冲出人性的迷障,就得以机缘登上智慧顶峰。此时心境澄明,无苦无忧，洞穿了这个世界的本原，获知了生命的价值与意义。这是人类认知的又一个新起点，快乐无边的心灵自由，以及以慈悲为感召的精神境界。

我们的认知就是这样，从漏斗的底端一步步向上攀行，每行进一步，都会有豁然开朗的通达感；每上升一层，都会获得无尽的心灵快感。

‹ 08 ›

拥有财富的人，多有追求智慧的冲动，因为他们有行动的力量。

只有书本知识的人，却多半和财富无缘，因为他们缺乏行动能力。

我们的人生，往往只看到一条船，而没有看到那条河，更忽略了两岸美丽的风景。所以宁向东教授建议那个已经成年的孩子，读万卷书，不如行万里路。读书的目的，是让你获得明晰的认知与果决的行动能力。

不要太功利，这个世界上，人类竞争比拼的不是什么学分成绩，不是名校名师，不是专业科目，而是对自我与社会的终极认知。

说格局、说心胸、说视野，最终说的不过是认知。你如何看待自己？如何看待世界？如何看待世相人心？你看明白了，想清楚了，心就静了，做事就沉稳了。言谈举止，也变得优雅得体了。认知不足的人，必困于自己的心，举目所见，只有一些毫无意义的东西，拼命求索，却无改于自己的命运分毫。

你的认知在哪个层级，你的人生就处在什么状态。如果你不快乐、不开心，总是感受到压力或痛苦，又或是对自己的际遇自艾自怜，那就好好梳理自己的内心吧。人生苦短，寿命有限，但凡心怀痛苦行至终点之人，莫不是错过了此生。要从认知的漏斗里爬出来，不做观天于井的青蛙，而是迎着命运，接受自我，于智慧的巅峰看大千纷纭，观落英缤纷。美丽的世界，源自美丽的人生，源自豁达通明的认知，源自不懈向上的娴静心境。

激活休眠的人生，做条快乐的贱狗

‹ 01 ›

查理·芒格，巴菲特的老搭档，曾讲了个奇怪的故事，说心理学家巴甫洛夫用狗做实验，把狗关在笼子里，喂食时先摇铃，时间久了，狗一听到铃声就赶紧往食盆跟前跑——这叫条件反射。

但是，狗的天性是热爱自由的，总是想办法冲破牢笼。

为了让狗乖乖地待在笼子里，巴甫洛夫就给笼子门通电，狗想逃跑，就会遭受强力电击。

经过几次电击后，狗狗们都怕了，哪怕笼子门开着，也不敢走出一步。

可是忽然有一天，发洪水了，巴甫洛夫匆忙逃命，把狗都撇下了。巴甫洛夫逃走的时候想，狗也不傻，又会游泳，笼子门又开着，应该都能逃出来。

可是没有，没有！

洪水退去后，巴甫洛夫回到实验室，惊讶地发现，虽然笼门大开，但所有实验狗无一只逃出来，全部溺死了！长期遭受电击所带来的恐惧心理，让这些狗在洪水步步逼近之时徒自呜咽号叫，却不敢迈出牢笼半步！

查理·芒格讲这个故事，是有深意的。

‹ 02 ›

乡巢科技的CEO曾博同学，曾讲述他的成长史。

他是大山里的孩子，僻壤穷乡，无所依恃。自打曾家太爷爷时代起，曾家人就有个走出大山的梦，但时运不济，几代人连续努力，都无功而返。

到了曾博这一代，族人走出大山的历史使命就落到了他肩上。

曾博自述：我读书时，爷爷手拿木棍站在身后，只要稍有偷懒，爷爷的棍子就没头没脑地落在身上。

如果考试成绩不好，曾博同学还没什么感觉，爷爷已经哭成泪人。

多亏了这种简单粗暴的引导，虽然当地的教育质量差到不能再差，但曾博同学还是考去了北京读书。

到了北京后，他发现同学们多是高考发挥不佳，没考上清华、北大，才勉强来此就读。大家谈论的话题，是假期去巴黎购物还是去安达卢西亚看风景，而曾博同学最真诚的愿望，就是瞧瞧天安门长什么模样。

人家的起点，是你努力奋斗的终点。

⟨ 03 ⟩

10年后，曾博重返大山。

在乡路上，遇到好些熟人，可是熟人们都匆匆而过，点头而已。曾博很想跟这些朋友聊聊天，可是人家不想聊。

为什么不聊呢？曾博同学很困惑。

孤零零地回到家，曾博拿出小学时的毕业照，看着昔日那些温暖的面孔。忽然，他发现了一件恐怖的事：小学的63名同学中，考上大学的只有他一个。

最终逃出大山束缚的，不过寥寥数人！多数人停留在他们生下来的地方，止步不前！

⟨ 04 ⟩

和曾博同学有同样感慨的，还有台湾作家林清玄先生。

林清玄的成长更为恐怖，他家里有18个孩子，娃崽太多，父亲竟然不知道他是自家孩子。读书时，林清玄发下心愿，长大后成为作家。

可父亲只是乡农，没听说过什么叫作家。于是林清玄就跟父亲解释：作家，就是坐在屋子里写字，然后人家把钱给你寄来。

岂料父亲听了，勃然大怒，当场把林清玄打个半死：胡说八道！你坐在家里，人家就会给你寄钱？天下哪有这种美事！

挨打之后，林清玄爬起来，揩净脸上的血，和同学们偷偷去看电影《罗马假日》。看到美貌的女主角赫本，少年们身体里的雄性荷尔蒙狂飙，于是林清玄与诸同学携手立志：长大以后，大家一起娶美丽的赫本为妻。

再之后，林清玄读一本有关埃及的书，心中萌发了去埃及的想法，结果又惨遭父亲暴殴。

当时父亲一边往死里打，一边大骂：这辈子你就别做梦了，你甭想去埃及，你只会跟你爹我一样，老死在这片烂泥地里！

若干年后，林清玄成为作家，取路埃及，于金字塔上给父亲写信，告诉父亲：老头，你错了，你儿子真的成了作家，并且来到了埃及！

然后，林清玄娶了个相貌与赫本差不多的妻子，去参加同学聚会。聚会上他发现，只有自己娶了如赫本般美貌的妻子，而当年那些与他一起立誓的同学，都因为生活困窘，娶的并非自己心中理想的配偶。

⟨ 05 ⟩

林清玄和曾博，是两个走出自我命运的人。而他们当年的小伙伴，却仍然停留在原地，止步不前。

昔年英气勃发的小伙伴们，他们也曾有星空般的梦，可是命运最终让他们沦为巴甫洛夫之狗，于狭小的笼中坐视命运洪水激涨，始终不敢迈出敞开的笼门。

为什么会有这种区别呢？

有些人，把自己活成了巴甫洛夫之狗。

幼年时，男孩想做奥特曼，女孩想做希瑞，都想铲除怪兽，拯救这个世界。小学时，大致还有80%的孩子渴望成为科学家，成为富豪，成为大师。初中时，依然有梦想的孩子的比例降至60%。到了高中，有梦想的孩子的比例持续降低，还能有40%的孩子仍然保有梦想，已经算是乐观的了。

进入大学，大概还有20%的孩子有梦想。等到大学毕业，还能坚持梦想的孩子大概要按个计算了。

每成长一天，梦想就消减一点。

大多数人，一如曾博同学幼年的伙伴，最终选择了停留于命运的囚笼中，坐看曾博越走越远；一如林清玄昔年的同学，少年时渴望与美貌的赫本终老，但生活终把他们逼至平庸，逐梦远行的，只剩下林清玄一个。

同样的开端，不同的终点。是什么造成了这种区别？

‹ 06 ›

东北有一种水井，形状极古怪。

这种水井，打水时先要取瓢水，自上倒入，排掉水管中的空气，再开始嘎吱嘎吱地上下压，水就会因为虹吸现象，从地底被抽取上来。

如果没有第一瓢水，这口井就没办法用。纵然地下水再多，你也喝不到，只能望井兴叹。

每个人的生命，都如这口东北之井，一旦被第一瓢水激活，就会立足大地，源源不断地呈现给这世界一片浩瀚。

乡巢科技的CEO曾博同学，生于禁封了无数人的大山中，但是他的太爷爷矢志世代走出大山。尽管从太爷爷到爷爷，从爷爷到曾博父亲，整整三代人也未能实现这个梦想，但梦想从未熄灭，始终燃烧在曾家人的心中。这个梦想一代又一代传递，最终传到曾博心中——就算曾博没走出来，未曾熄灭的梦想也会在曾家的下一代人心里燃烧！

相比之下，林清玄好像更惨些。梦想他倒是不缺，可万万没想到啊，阻碍他实现梦想的，竟然是他的生身父亲。父亲暴力施加，污辱谩骂，矢志要摧毁儿子的人生之梦——幸好，林清玄还有位好老师。

有一次，老师请林清玄吃饭，对他说：我拿自己的命来担保，你这辈子肯定会有大出息，不信咱们走着瞧。

正是这句话，给了林清玄对抗命运、对抗父亲的勇气与决心，最终让他走出命运低谷，走上埃及金字塔。

< 07 >

曾博同学说：阶层固化其实并不恐怖，内心的绝望和无力感才恐怖！

自幼成长，每个人都是有宏远梦想的。

但现实的困境与来自周边，出于竞争本能的贬刺性评语，让我们沦为巴甫洛夫之狗，每日承受着失落与挫败的电击。

被电击久了，我们就趴伏在笼子里，坐看命运的洪水汩汩涌至，纵然笼门大敞四开，仍然不敢迈出来。命运的洪水，一次又一次地把我们淹没。

但我们终究不是狗，但凡放弃了梦想与事业之人，不过是一口荒野枯井，只需要一瓢水，就能够把梦想重新激活。

< 08 >

命运在自己手中，每个人都有激活自己，冲出牢笼的机会。

说阶层固化，没有哪个国家比美国固化得更严重，但即使如此之固化，美国每年也仍会有18%的大学生赤手空拳地打进中产城堡。

那些放弃梦想、自甘平庸者，不过是败于自己的心理暗示，败于自我的习得性无助。

乡巢科技的CEO曾博同学回乡，渴望与仍停留在原地的伙伴们交流聊天，但人家不愿意搭理他——只是因为他们不愿意通过曾博的发展看清楚自己；只是不希望认知到自己的失败，从而放弃了激活自己的机会。

正视自己吧！

今天的一切，都是我们当年的选择。不敢冲出笼门，就只能任由命运洪水淹没。不肯激活自己，就会沦为废弃的枯井！如果今天再不行动，收获于20年后的，是仍如今日这般的满目凄凉。

< 09 >

人生是一次无法修正的旅行。来都来了，还怕什么呢？

阳明先生说：无善无恶心之体，有善有恶意之动。在你的自我意识产生之前，你曾是无畏的强者。你曾战胜了数亿的竞争对手，获得进入这个世界的资格。让人无法理解的是，当你来到这个世界，却生出了软弱无力之感。你害怕失败，害怕事不如人，害怕人们的风言风语，害怕人们的嘲笑——你什么都怕，就不怕毁弃自己，辜负了这美好的一生！

生命如狗，囚于深笼。生命如井，废弃于荒野。

正如范雨素所说：每个人的生命都是一本不忍卒读的书，命运把我们装订得极为拙劣。

但这是一本空白的书，你说过的话，你做过的事，你走过的路，你读过的典籍，将构成这本书上一行行正在呈现的文字。粗劣不堪也在你，精彩纷呈也在你！

你是你生命之书的唯一作者。激活休眠的人生，做条欢乐无极限的贱狗！

写好你生命的这本书吧，不要如委屈的狗，呜呜咽咽地趴在笼子里；不要如废弃的枯井，任由自己的价值消失。生之于世，就需要赋予自己强大的生命动力，勇敢无畏地向前走，哪怕千难，哪怕万险，行过无非是普通的人生路。**阻碍我们前行的，永远只是自己，只是过于脆弱的心，只是过于委屈的情绪。**脆弱或是强大，取决于你；委屈或是无畏，也取决于你。

不要迷失在虚幻的愁绪中，今天的一切都会过去，留在你生命深处的，只有自己意志坚忍所行过的足迹。我们每个人的心中都积蕴着强大的力量，或许呼唤只有一声，最嘹亮的，必是我们不甘沉寂的生命狂歌。哪怕这世界洪水滔天，也要做条快乐的贱狗，打不死，碾不烂，于浪潮中游弋翻覆。只要不为命运所击倒，这世界，终将为你呈现一席之地！

跳出认知的坑，成为快乐的蠢货

‹ 01 ›

美国有个小男孩，叫阿伦森。他家里很穷，14岁时被迫辍学，出门找工作。

当地有个很有钱的盲人，在街道上拥有许多摊位，正在雇用年满16岁的孩子帮他看摊儿。

阿伦森只有14岁，不符合条件，他望着这些职位眼馋，却无计可施。

哥哥对他说：没关系，你只管去应聘，肯定能得到一份工作。

阿伦森说：可我年龄不够。

哥哥说：你傻啊？别忘了，面试你的是个瞎子，到时候你就说自己16岁，他又看不见，还不由着你说？

阿伦森一想，也对，就鼓起勇气去面试。可万万没想到，面试时盲人老板的表现差点没把他吓死。

⟨ 02 ⟩

14岁的阿伦森走进面试房间。

进去后,他看到盲人老板面对墙坐着,根本不知道门在哪儿,就咳嗽了一声。

不想盲人老板立即说:不用制造噪声,我知道你在那里。告诉我,你今年多大了?

我……16岁了。阿伦森撒谎说。

不料盲人老板一声厉喝:胡说!你看起来只有12岁,最多也不过14岁,竟然敢骗我?

啊!当时阿伦森就震惊了:你你你……你不是看不见吗?

盲人老板冷笑道:我是看不见,但你没听人说我有特异功能吗?我甚至能看到正常人都看不到的东西,天地宇宙,尽在我心;鸡毛蒜皮,纤毫毕现!你又怎么可能骗得了我?

可我……阿伦森吓坏了,苦苦哀求:老板,我错了,以后我再也不敢欺骗你了,求求你给我这个职位吧,没有工作我会饿死的。

盲人老板为难:把工作交给你这个不满16岁的孩子,这可是违反法律的呀!

阿伦森一听,急忙用可怜的声音哀求:老板求求你,你知道我家里穷,我是决不会告诉别人我真实的年龄的。

盲人老板:……这样啊,看你这么可怜,那就给你一份工作吧。但因为你欺骗我在先,所以你的薪资不可能太高哟。

‹ 03 ›

14岁的阿伦森终于得到了一份看守摊位的工作。

但是盲人老板的表现真的吓到了他。他对盲人老板的特异功能深信不疑，工作时小心翼翼，不敢犯错，生怕老板知道。

就这样工作了一段时间，他被盲人老板调到一个表演场。这里有个小丑跳水表演，每一次，打扮得极其滑稽的小丑出现在高高的跳台上，往下一看，顿时吓得手足无措，慌里慌张地往后退。因为太害怕，小丑后退时身体栽歪，立足不稳，结果尖叫着跌落下来，扑通一声掉进水里。

观众捧腹大笑。

阿伦森也跟着观众一起笑，一边笑一边想：这小丑，真是太蠢了。如果是我出场，肯定不会让观众嘲笑，而会引来满堂喝彩。

这个想法，在他的脑子里徘徊不去。终于有一天，他决定出场表演一下，碾压那个愚蠢笨拙的小丑。

阿伦森选择了一个观众不多的时段出场。毕竟是第一次，万一表演得不太好，也不至于有太多的人嘲笑。

虽然有一点点担心，但出于对小丑的鄙视，阿伦森还称得上信心满满。

他雄姿英发地出现在跳台上，招手向观众示意，亮个完美的姿态。然后往跳台下一看，哎呀妈呀！顿时一阵头晕目眩，无边的恐惧袭上心头。

阿伦森这才意识到，跳水好像也不是那么好玩。惊恐中向后一退，突然高空失足，犹如一块石头，惨叫着跌入水池中。

幸亏那个小丑正在下面，见此情景大骇，一个猛子扎入水中，将阿伦森捞了上来。

< 04 >

你找死吗？小丑怒气冲冲，训斥魂飞魄散的阿伦森：高台跳水是需要专门训练的，你小小年纪就敢乱跳，摔死了算谁的？

我……阿伦森摔傻了，说出了实话：我是看你那么笨，所以才……

你觉得我笨？小丑失笑：傻仔，我的笨拙和愚蠢是精心训练出来的。我只用半天时间就学会了跳水，但为了训练笨拙，我足足用了3年的时间！我在台上的每一个笨拙动作都是精心设计过的，但凡有半点差池，我就会摔得跟你一样惨！

什么？你的笨拙和愚蠢是精心设计过的？阿伦森惊呆了。

小丑对阿伦森说：孩子，你要记住，人这种东西，是脑子快，手脚慢。纵然你再聪明、再利落，做起事情时也是笨手笨脚。但如果你不做事，再蠢再笨也不会犯错，因而看似很聪明。

所以，做事之人，总是被人嘲笑。

所以，嘲笑别人之人，终将一事无成！

孩子，努力成为一个做事的笨蛋吧！千万不要沦为眼高手低，因为怕人嘲笑而不敢做事的真正蠢货！

< 05 >

阿伦森接受了小丑的教导，然后他脑子里突然出现了一个疑问：如果大家都是笨蛋，那怎么偏偏就盲人老板有特异功能呢？

好奇心愈发炽烈，阿伦森就去找盲人老板，旁敲侧击，想让盲人老板把特异功能传授给自己。

万万没想到啊，盲人老板说出他特异功能的真相后，差点没把阿伦森活活气死。

盲人老板说：傻孩子，你真是个傻孩子，你怎么会相信有什么特异功能呢？

阿伦森道：可是老板，你明明双目已盲，我来面试那天，你却看出我刚刚14岁，而且还看出我营养不良，长得像12岁。这不是特异功能，又是什么？

盲人老板叹息道：傻孩子，你真是个傻孩子，你忘了我是干什么的了吗？我就是个到处摆摊儿的人，我的摊子很多，需要许多童工来照看。所以我对附近一带的孩子特别留意，尤其是你家，穷到连老鼠都搬走了，所以我知道你迟早要出来找饭吃。你是我早就盯上的童工，我早就给你安排好工作了。所以那天你进来时，我假装有特异功能，说出你的情况，就立即把你吓个半死。因此即便我给你极低的薪水，你也会乖乖接受，因为你已经被我的智力碾压了。

阿伦森震惊了：原来这个成人世界全都是演员。所有人都在装腔作势地演戏，聪明也好，笨拙也罢，都是装出来的。有人假装聪明，是为了慑服别人；有人刻苦训练，假装愚蠢笨拙，无非是扮猪吃老虎，把别人兜里的钱掏走……那好吧，以后我陪你们这些人一起装！

⟨ 06 ⟩

所有的行业，都是娱乐业，都是表演而已。

台上十分钟，台下十年功。后来成为哈佛著名学者的埃利奥诺·阿伦森说：自打我明白这个道理之后，我就刻苦努力训练自己。有时候，我用盲人老板的招数，事先准备充足，课堂上挥洒自如，让蠢懵的学生们惊为天人。有时候，我用小丑的招数，苦心训练，看似笨拙，实则让人万难模仿。

而有些人，不明白这个道理，他们会把别人表现出来的聪明或笨拙当真。

以假为真，就会失去判断力。

如果你把别人表现出来的聪明当真，意识不到这后面大量的劳作与信息采集，就会生出有心无力之感，感觉自己好差，感觉自己的智商跟人家不在一条线上，付出再多也不会有效果；就会放弃努力，听天由命，最终废弃自己。

如果你把别人表现出来的笨拙当真，那你先是会生出虚假的智商优越感，指手画脚地点评，觉得自己高高在上。等哪天信心爆棚做一下时，才发现自己与鄙视的笨拙之间，竟然天差地远。这时候你又会落入有心无力的恐惧中，过低的自我评价最终还是让自己放弃开始。

所有人，必须要跳出这两个认知的坑！

人是事件的集成，脱离了具体事情，就不存在人。没有人先知先觉，手指头都不用抬，就把所有的事情做得妥妥帖帖。那些看似智力高绝、英明神武之人，不过如盲人老板一般，是在刻意掩饰背后的努力，以震骇世俗，满足公众对领袖人物的期许。而那些看似笨拙的人，不过是在从事另一个境界的表演。聪明或笨拙，都是表演。这世界的真相，就是看明白这个道理，找到自己的优势特长，而后点滴累积。

最终的变化，只是个结果。

而人，是生活于事件过程中的。

⟨ 07 ⟩

人生，不过是一场没有台本的表演。匆忙上场，没有任何准备。演好了，就会成为聚光灯下的主角；演砸了，就会被边缘化，从此失去存在感。

所以那些成就事业的人，都在你视线无法触及的地方，做足了大量的准备工作，然后假装没有任何准备，呈现出一副用智力碾压你的傲娇姿态。又或者假装笨拙，引诱你模仿，一旦你尝试失败，不敢再试，他们就扬尘而去，把你远远地抛在后面。

他们只是演技过人，你可千万不要上当。

无论是表演聪明还是表演笨拙，其努力的时间累积，最小的单位都是以三年为计量。许多人总感觉自己努力无效，那是因为他们意识不到努力与产出的周期。有人今天稍有点努力，就迫不及待地与他人相比，却不知道要比的是人家三年之累积，这种比较让许多人生出无力感。**必须要记住，今天的努力，是为了三年后甚至十年后的效果。而你今天的状态，是你三年前甚至十年前努力的结果。**

《论语》中有曰：往者不可谏，来者犹可追！

三年前或十年前你没有着手累积，这没关系。但再过三年或十年，相信你仍然活在这个世界上，活在这个舞台上，那就赶紧开始吧，别再耽搁了。

比努力更重要的是选择，是努力的方向——正确的方向只有一个，那就是让自己优秀再优秀。未来是不可测的，充满了反转与变数。今天大红大紫的专业，可能一年后就开始受冷落，三年后就无人问津，十年后就会被彻底淘汰。正如哈佛学者埃利奥诺·阿伦森所说：你努力的方向，必须要专注于那些不变的东西，比如深邃的思想，比如永恒的智慧，比如万古不易的人性。**这世界变化得太快，技能或知识不断在更新，只有对思想的求索，对人性的解析，对智慧的追求，才能够让我们立身于不败之地。

这个时代，人的寿命变得异常之长，任何时候轻言放弃，都会陷入巨大的空茫与失落中。只有让自己振作起来，以不懈的努力跳出人性的黑洞，才能够印证生命的无上价值，获得心灵的无尽自由与快感。

财富与人性的认知层级

< 01 >

推荐一部不错的国产剧：《欢乐颂》。

推荐理由：这部剧中，有人性的解剖，有财富认知的层级——你甚至可以将剧中的认知层级作为一个数学模型，用以指导自己。

《欢乐颂》的剧情设计很简单，就是五个不同家境、不同背景、不同认知层级、不同性格的女孩，扎堆在一起，再加上闻风而来的猥琐男及霸道总裁，演绎出鸡飞狗跳的故事。

剧中人物的认知层级，大概能分出九层。

< 02 >

认知最底层，即第一层，暗黑区：樊哥樊嫂。

就是主角之一樊胜美的哥哥和嫂子。哥哥就算了，嫂子是非常骇人的，她不比樊胜美大几岁，但憔悴苍老，一张饱受生活摧残的脸，简直比樊胜美的妈妈还要老。

她为什么这么老？

剧中，樊嫂对樊胜美说：你侄子雷雷前几天还说呢，等他长大了，要让姑姑替他找工作。

这句话，让人感受到森森冰寒！

这是一对陷于愚昧的夫妇，没有自立意识，拼命压榨可怜的樊胜美。他们不是教导孩子要努力、要自强，而是理直气壮地做个寄生虫。在这种可怕观念的熏染下，孩子的人生还没有开始，就已经颓废了。

剧中所有人都对这家人束手无策、无可奈何，称其为无底洞——这是一家没有骨头的人，如果他们自己不愿站起来，谁也背不动他们。

‹ 03 ›

认知第二层，阴寒区：樊爹樊妈。

就是樊胜美的父母。樊爹倒也罢了，老头出场，除了在公共场合抽烟，就是在医院里的"床戏"，没太多机会使坏。

心术至坏之人，是樊胜美的母亲。

剧中，樊家人逃离家乡，没有手机没有钱，还带着孩子，到了上海就挤进女儿狭小的租屋。看到女儿打折秒抢的衣物，樊母说了句极阴毒的话：这还不如旧社会，旧社会还有个当铺呢！

见到女儿的衣物，樊母心里的第一个想法是把女儿的衣物卖掉，去填儿子的无底洞。这种勒杀式的压榨，窒息了女儿樊胜美的事业前程。

樊胜美的哥哥嫂子，是极蠢之人；而她的母亲，则是蠢而极坏之人。

樊母之恶，恶就恶在她知道儿子的不堪，为了控制儿媳妇，避免儿媳妇离婚分房产，她用女儿的钱给儿子买房，落在自己名下——她把所余不多的智力，全用来算计亲人。所以他们没有余力改善生存处境，越混越凄惨。

此处是良知的分界线，也是生死线。如果他们认识不到自己的蠢，不改掉以阴毒之心算计亲人的恶癖，就无法逃出苦难的樊笼。

⟨ 04 ⟩

认知第三层，迷茫期：邱莹莹。

邱莹莹是剧中最弱的角色。祖辈农民，父亲是家族中第一个进城的人，以修摩托为业，而她是家族中第一个来到大城市的人。但邱莹莹根本没有人生目标，不想在大城市里待，只想回家啃老。可是父亲还在打拼，只能鼓励女儿打起精神拼下去。

所以，邱莹莹因为办公室恋情而丢了工作之后，急切渴望小伙伴们的帮助。但谁也不帮她，因为问题出自她自己，她不先解决自己，就无法解决问题。只有等她想明白、想清楚了，她的人生才算开始。

认知第四层，恐惧期：关雎尔。

其实剧中人多是处于恐惧期，但关雎尔年轻，缺乏职场经验，所以她的恐惧之心更强烈。

她好心帮助同事，结果同事出了错，栽在她身上。她委屈到了无以复加的地步，幸得高智力美女安迪指点，获得了职场事务流程的概念，知道了员工的工作，是主管将自己的目标逐次分解，由员工来完成的。她从这个高度评析自己的失误，获得了主管首肯，平安度过了实习期。

‹ 05 ›

认知第五层，无力期：樊胜美。

剧中，樊胜美是高高在上的，妙语如珠，洞悉职场先机——但这只是表面光鲜。由于受困于家人的阴毒暗算，樊胜美的心智受损。她能力极强，但必须倾注于短期行为，以满足家人无休止的榨取。这让她的能力大打折扣。

她努力、挣扎，渴望凭借优秀的外表拿下个有钱阔佬。但她的功利趋向明显，这让她沦为大都市闲人桌上最美味的那道菜。

她是智力高绝之人，但邪恶的家人如坠在她脚上的沉重锁链，把她的认知拉入深深的水底。最后，整部戏中所有的智力资源都赶来拯救她，才勉强把她从黑渊中拖出来。而现实中，如遇到樊胜美这种惨境，你必须要学习自救，只能自己拯救自己。

‹ 06 ›

认知第六层，瓶颈期：安迪、魏渭。

安迪，高智商美女，曾任华尔街金融高管。但她自幼被抛弃，于孤儿院长大，后被美国人领养，这导致她有严重的心理疾病——一旦她摆脱心理困扰，就会跃升到认知的最顶层。但在此之前，她还得归来伴凡鱼，慢慢修复自己。

魏渭是个老板，有钱人，智力高，见识广，矢志拿下高智商美女安迪。而且他经历过金融风暴，险死生还，是个见过风浪之人。

但是啊，魏渭所亲历的风浪并没有让他破局明心，而是生出更大的恐惧。这让他的心智与事业双双进入一个小冰期，让他成为一个内心蜷缩的人，成为一个洞悉一切，却放不开手脚，凡事只求自保的人。

这就注定了他无法征服高智商美女安迪，只能眼看着美女渐行渐远，付出再多的努力，终究是枉然——恐惧伤害了他，让他的智商失去用武之地。

< 07 >

认知第七层，通透期：曲筱绡。

富二代，精灵百变，智计无双。论年龄论经验，她都无法与安迪、樊胜美相比。但因为家境优裕，养尊处优，她心无忧恐——最重要的是，她擅长运用社会资源。

剧中，樊胜美的父母带小孙子突然来到上海，没有手机没有钱，急得樊胜美哭成狗，在火车站茫然奔波，却死活也找不到人。而后曲筱绡闪亮登场，她甫到火车站，就坐上警察的巡逻车，让警察替她呼叫樊胜美的父母，帮助找人。

呼叫无果，曲筱绡又从警察处问到没钱旅客聚集的避寒之地，成功找到了樊胜美的父母——这个小细节，让她轻易地碾压了隔壁三个小伙伴。

为什么樊胜美、关雎尔与邱莹莹要在上海租居，而曲筱绡却是业主呢？

不是因为曲筱绡家里有钱,而是她的认知通透,无忧无惧。让樊胜美坐困愁城的障碍,于曲筱绡这里轻松化解。这就是认知的力量,也是贫与富的分界线。

‹ 08 ›

认知第八层,破局者:王柏川。

剧中,王柏川只是个不成功的小商人,车是租的,钱是借的。但偏偏是这厮,解开了让安迪、魏渭、曲筱绡等人束手无策的樊胜美死结。

樊胜美死结,就是她爹妈三观扭曲,拼死吸女儿的血,宠溺不争气的暴力型儿子。当樊父突然患重病住院,急需10万元医治费时,樊胜美被逼至绝境。摆在这可怜姑娘面前的,除了跳楼,还是跳楼。

危急之时,王柏川坐镇于大后方,指挥安迪,遥控魏渭,明确告之樊母:你不能再这样无界限无底线,恶意压榨你可怜的女儿。你家里至少有两套房子,都是用你女儿的血汗钱买的,你女儿的血被你们吸干,已经一无所有。现在是你们自己应该承担点责任的时候了,为什么不抵押房产,却仍一味地勒索你女儿呢?

最终,这伙人逼迫樊母把房产证交给樊胜美,终于把樊胜美从无底洞中拖了出来,也从认知的黑洞中拖了出来。

有这本事的男人,值得托付终身。

< 09 >

认知第九层,无为而为:谭宗明。

他是剧中的资本大鳄,提起名字,如雷贯耳那一种。

他洞悉人性,早发现魏渭虽然智力高绝,但内心恐惧,如一只吓惨的老鼠。所以他认为安迪与魏渭没戏,果断为安迪另觅良选。

他让安迪负责收购南通的红星集团。当地家族企业的小包总闻味赶来,于是谭宗明向安迪建议,和小包总联手收购。

不承想,安迪认为小包总的企业是家族企业,产品线单一,经营危机日重,根本没资格和她联手。

安迪拒绝,谭宗明就算了,不争,不吵,也不闹。接下来,小包总闪亮登场,不仅说服安迪,还要"睡服"安迪。总之,他是个强势侵略型的男人,与魏渭的优柔寡断、只知自保相比,处于更高层级。

这就是谭宗明的表现。你想要什么,可以,但请自己动手来拿。你有实力,就来替我干活;没有实力,就死一边去。他用人不疑,无论是对是错,他都不干涉,他所做的只是把最优质的人力资源配置在身边。劳动归你,钱归我。他无为,而无不为。

< 10 >

认知层级是有一个规律的。

认知层级越低,越没人帮你。 如樊哥樊嫂,你自己站不起来,别人也没法帮你。

认知层级越高,帮助你的人越多。 如安迪,有人在网上黑她,顿时所有人全部出动,曲筱绡甚至调用自己的私人资源,彻底解决问题。而曲筱绡要拿项目，安迪不惜在公司会议上一心二用，戴上蓝牙耳机，一句一句地指点曲筱绡。最终所有人来帮樊胜美，就是因为她的问题来自外界，而非她本身。

从无雪中送炭——你满心冰雪，别人送来再多的炭火，也化不开你心中的万里冰川。如果你将自己置于冰寒地带，就不要指望别人来救你。除非你自己走出冰寒之地，否则只会把帮助你的人也拖入绝境中。

只有锦上添花——你要让自己成为华丽的锦缎。别人的举手之劳相助，会带来高效的产出。不是这世道功利，而是所有的人心都渴望上行。除非你冲破认知迷局，不做赖皮的狗儿，趴在地上让人拖行，而是努力让自己优秀，才能获得更多的关爱，获得更多的资源支持。

心越穷，越没有人帮你！

于此认知层级中，我们看到的不仅是人心，不仅是人性，还有人类万古以来不息奋进的上行力量。

认知的晋升，有两条线。第一条线是生死线，你必须要突破自我，不要让自身成为问题，才会给别人以帮助你的机会。第二条线是贫富线，你必须要从自己的血拼，向资源配置方向努力。这部影视剧中，樊胜美的家人在生死线下，而樊胜美及与她租居的小伙伴在贫富线之下。生死线下，相残相伤；贫富线下，惨淡艰难。只有打通生死线，驱散恐惧，努力让自己成为资源配置者，才能够解决问题。这一切取决于我们自己，取决于我们对自我、对人性、对与生俱来的使命的认知。

人和人的差距，就看这一点

‹ 01 ›

有个极恐怖的消息，北京市发布了《2017年中国大学生就业报告》（就业蓝皮书）。

一般报告没什么恐怖的，但这一次的报告玩大了，负能量满满，竟然列出了失业率最高、就业率最低、薪资最少、满意度最差的"红牌"专业。

这些专业包括：历史学、音乐表演、生物技术、法学、美术学、生物工程。其中，音乐表演和美术学连续三年"夺冠"，年年都是"红牌"专业，毕业生年年都找不到工作。

再看历年数据，还有个动画专业。这个专业好，从2010年到2014年，连续5年雄踞失业榜榜首。

想到好多孩子寒窗16载，好不容易学有所成，信心满满地进入社会，却连个饭碗都找不到，我心里就怪怪的。想笑，又怕挨揍。

可让人不笑，这又怎么可能？读了这么多年书，却没学会觅食。

孩子啊，咱们的人生明显是出了问题！

< 02 >

曾看到一篇文章，是写手与自己的表弟通电话。

表弟正读大学，抱怨说：现在学校里的风气忒差了，寝室里的室友都在玩游戏，没有人读书。

写手提醒表弟：甭管人家，管好咱们自己就赚大了。别人玩他们的游戏，你可以读书啊。

表弟抗议：寝室里那么乱，那么嘈杂，怎么可能读得进去？

写手建议：那咱就去图书馆读。

表弟大怒：去图书馆，路上要花费时间的！

路上花费时间……写手的心，是崩溃的。

拜托，连这借口你都说得出口，你说你有多不想读书？

可是这位表弟为什么不喜欢读书呢？不过就是没有人生目标而已！

< 03 >

有些家长错把大学当技校了。有些孩子也接受了这个设定，拼个高考，读个大学，就是为了找份工作。

但大学真的不是为了这个过低的目标而设定的！

如果只要找份工作，不读书也是可以的，刷个马桶拖个地，替人端水看个门，不需要任何技术含量，谁都可以干。

也正因为门槛太低，所以收入断无可能高，而且淘汰率高。之所以读职高技校，就是为了学点实用技术，增强自身的竞争能力。

驾驶挖掘机，遥控来炒菜。

疏通下水道，电工跑得快。

这些也是工作，而且轻易不会挂出红牌。

有些人平和心不足，歧视蓝领——可以做自己喜欢的，但不能歧视别人。

歧视心态会影响孩子，让孩子无端生出高下之心，一味与别人比拼，却不明白自己想要什么。

大学是为那些树立了明确人生目标的孩子准备的。这些孩子在学府里会依据自己的人生方向选择专业与导师，只为一生狂野之梦想而发奋努力。

只知和别人比拼的孩子，连人生目标都没有。

此前在中学一元定性，只拼分数，倒也罢了。但等他们进入高等学府，大学的多元特质让这些孩子如肥猪进了老虎洞，内心恓惶无助。

看前面一片混乱，看后面混乱一片。想比不知和谁比，想拼不知和谁拼，真的好茫然啊。

< 04 >

人生最重要的是方向！

第一是方向，第二是方法，第三是努力。

失去方向，努力就失去意义。

烈日之下，女人在疾奔，男人在狂奔，形形色色的人都在飞奔。

如果你突然拦住他们，问一声：你们这样忙碌，是为什么？所有人都会立即告诉你：我们在努力，努力努力再努力。

可你们为什么这样努力？

努力赚钱养家，给孩子一个美好的未来。

然后呢？

然后孩子就可以读所好大学，念个好专业。

可如果孩子失业了呢？

那他们就跟我们一样，在烈日下疾奔，在冰寒下狂奔，为了衣食而飞奔……

你看看，这些人忙了一圈，又绕回来了。

没有目标的一代人，如无头苍蝇一般乱飞乱撞。他们毫无意义地忙碌了一生，又把这种观念耳濡目染地传递给了孩子。

一代人又一代人重复循环，始终停留在起始原点。

‹ 05 ›

漫画家蔡志忠说，厉害的人都会把事情想明白：这辈子要靠什么活？

蔡志忠在15岁时立志成为一个漫画家，就去对妈妈说：妈妈，我要去台北，做个漫画家，永远也不回来了。

妈妈说：好，那你去跟爸爸说一声。

于是蔡志忠去找爸爸，爸爸正在看报。

蔡志忠：爸，明天我要去台北。

爸爸：去干吗？

蔡志忠：画漫画。

爸爸：找到工作了吗？

蔡志忠：找到了。

爸爸：那就去吧。

蔡志忠回忆说，我们一共说了27个字，我说了14个，他说了13个。

然后蔡志忠就真的离家了。

这让人严重怀疑，蔡志忠到底是不是他父母亲生的？

是不是亲生的并不重要，重要的是蔡志忠明确了自己的人生方向，从此成为一个严重的漫画中毒者。

他画起漫画来昏天黑地，电烤炉把他的脚烤焦了，他竟浑然不觉。他曾经58个小时坐在座位上一动不动，还曾42天没有走出过家门。门外的喧哗吵闹也丝毫进不了他的耳朵。

因为喜欢，所以专注。

‹ 06 ›

蔡志忠说：我很早就体悟到，打开门，走出去，要先知道自己要去哪里。

你们昨天打开门，知道要来这里。

我们开车上高速公路，知道自己要去的目的地。

而人生这么大的旅程，99%人不知道他们的目的地是哪里。

厉害的人很早就非常确定他们的目的地，然后一心朝那个地方走。

选择了方向，付出了努力，同时还需要方法。

蔡志忠要用漫画来阐释人生，阐释智慧，就必须时时刻刻充电。要想给别人一杯水，自己至少要有一桶水，或是要准备一口水井。

除了画漫画，蔡志忠一生不断地匆忙旅行。他把旅行时间视为难得的学习机会，旅行途中读了600本书，还写了12本书。

他曾经花了10年零40天，专心研究天体物理学。

他还研究佛学，花了几年时间整理出24本书，每本书都有百科全书那么厚。

为了让自己的作品更有思想，更有哲理，他读了2万余本书。这些书，哪一本学校里都不会考，但对人生至关重要。

功夫在画外。

准备工作做得扎实，工作起来效率就高得吓人。他绘画的速度，直逼正常人翻看漫画的速度。他能够用7天时间画完4本漫画，500多页。

从事漫画创作以来，他已经出版了300多本漫画书。但他一点也不开心，因为有个叫几米的家伙，才画了10年就出版了90多本漫画书。此时几米正从后面迅速追赶而来，大有追上蔡志忠，把他打翻在地的架势。

人生无止境，事业无止境。

蔡志忠说，他要画到生命终结的那一刻。

< 07 >

读书不是为了拿文凭，是为了学习，为了成就自己的事业！

走自己的路，实现自己的梦想——其他的一切，都是没有意义的。

但于我们而言，自小就被老师、父母灌输了专属于他们的思想，这些思想并不是坏东西，但它们不属于我们自己。

要如何做，才能找回自己，找到自己的人生目标呢？

目前对蔡志忠威胁最大的，就是漫画家几米。

而几米初时只是个写字楼里的西装男，朝九晚五忙碌上工的那种。只因为染患绝症，他才幡然醒悟，丢弃工作转型成为职业漫画家。

那我们就用几米的法子好了。

‹ 08 ›

几米人生目标厘定法，现在开始。

第一步：拿张纸，拿支笔。

第二步：坐下，在纸上端正地写下自己的名字。

第三步：跳出自己的视角，用第三人的视角审视自己的名字，研究自己。

第四步：写下纸面上的你一生最渴望的10个梦想。

你会发现，这个工作根本不是很快就能完成的。但你必须完成，否则就会一生如迷茫的狗，眼神空洞地游荡在这个世界上。一生忙碌，一世操劳，临老却追悔莫及。

第五步：把你写下来的10个梦想，一次去掉一个。

这个工作开始时极容易，但等到只剩最后3个时，你会欲疯欲狂，恨不得立即冲进隔壁，砍死老王。因为这些梦想你一个也舍不得放弃，但你必须割舍。否则的话，这诸多欲念就会在你脑子里打架，让你心里天人交战，头脑浑噩，遇事举棋不定，寸步难行。

总之，如果你能够完成这项工作，再瞧瞧最后剩下来的那个梦想，或许就是你人生的目标了。

有了目标，你就会从迷茫狗变成行动派！

接下来就简单了，看这个目标预计行进多少年，10年？30年？

实现人生目标不是买彩票，都有个漫长而充满激情的周期。

而且你会发现，**目标本身并没有什么意义，有意义的是在向目标行进的过程中所积累的人生智慧。**

所有人的目标，不过分为三个阶段：学习准备期、艰难成长期、开花结果期。

准备期你要想好求教多少人，学习多少技能，读哪些方面的书。

成长期就要如蔡志忠那样凝神专注，要做到电烤炉把脚烤焦了而浑然不觉。当你找到自己的人生目标时，就会发现，烤熟自己的脚真的不难。

< 09 >

人和人的差距，不在于努力程度，而在于目标是否明晰。

我们每个人，智力、能力甚至人品都相差无几。但有目标的人会向着自己的方向坚忍行进，任风吹，由雨打，矢志不改的是终极志向。

没有目标的人，往往更加努力，只不过他们的努力会因为方向的迷失而被抵消。

没有目标的人，始终在一个水平面上徘徊，因为他们无法完成人生积累。

有明确目标的人，会在事业方向上不断优化自己。正如蔡志忠，他读过那么多书，走过那么多路，即使他不从事漫画工作，也会在别的方向上厚积而薄发。

人生的命运，不过是一个循环。跳出命运，才是命运赋予我们的全部意义。

唯有目标的感召，会让我们于困顿中崛起；**唯有目标的力量**，能让我们突破命运的局限，跃升到一个全新的智慧生存空间。

人生而自由，却无时不在命运的枷锁中。打破枷锁，夺回我们的自由，这是每个人与生俱来的使命。

这个枷锁，不过是我们成长的安全生态圈，我们就如一头牛犊，牛爸牛妈害怕我们跑远，被狼叼走，就用绳子把我们拴在原地。

而今我们已经长成了大莽牛，绳索早已解开，无助的惯性却让我们仍然绕着原地转圈。

只有勇气才能帮上我们的忙。让自由成为我们的信仰，让智慧指引我们的方向，突破内心虚构的障碍。你能，你行，你可以！向着你生命的辉煌行动起来吧，就是现在！

命里有时终须有，命里无时莫强求

⟨ 01 ⟩

为什么有人终生忙碌，却无法改变贫穷的命运？

听到这个问题，我猜你脑壳里会噌的一声跳出一个词：穷人思维。

如果一个人观念有问题，憎恨财富或是背离财富而行，则正如南辕而北辙。目标在正南方，你却奔北去，虽说地球是圆的，你舍近求远，漂洋过海绕行一圈，也能抵达目标之地，可是你付出的成本太高，肯定会累吐血的。

然而，大家经常说的穷人思维又是从哪儿来的？

⟨ 02 ⟩

我小时候在农村老家，常捧着本书蹲在墙角，看得入神。

村里有位大伯看不下去了。有天我正在看书，大伯走过来，怜悯地摇头道：看这么厚的书干什么？把眼睛都看坏了。命里有时终须有，命里无时莫强求。世上的万事万物都有主儿，该是谁的就是谁的，你强求不来。

我懵懂，不知如何回答。幸好一位大婶过来，斥骂道：你这人就是心眼坏，看不得人家学好。孩子读书是好事啊，就你这么多话。

大伯愤怒地道：我怎么就看不得人家好？我说这话，就是为了他好。

大婶道：照你这么说，命里有时终须有，命里无时莫强求。如果这孩子注定能考上大学，就算他不读书，不好好学，也能考上？

大伯：那当然，不信你看看每年有多少孩子学得半死不活，眼镜比瓶底还厚，可没那个命，就是考不上，最后不还得回来喂猪？你再看真正考上大学的，又有几个费力气的？都是随便学学就考上了。

大婶明显词穷：……照你这么说，如果这孩子命里合该考上，要是考试时他根本就不去呢，也能考上？

大伯失笑：如果他注定能考上，怎么可能不去考场？命中注定考场里就有他一个位置，就算他想不去，也做不到。因为这是命，没人能跟命争。

大婶：……都是强词夺理，我说不过你！

⟨ 03 ⟩

这位大伯，尤爱与人辩论。

在他绝高的智商、无懈可击的逻辑面前，村民们统统败下阵来。

比如，村里有人做生意，发了横财。大伯家人看得眼热，就催促大伯：你看人家，不就是卖货吗，现在挣了大钱抖起来了。人家行，你咋就这么懒呢？

大伯仰天长叹：这都是命啊！命里有时终须有，命里无时莫强求。人家就有这个财命，你比不了呀。

家人怒：什么命不命的，人家的钱是披星戴月、熬夜赶路赚来的。你自己吃不了苦，就一辈子受穷吧！

大伯：披星戴月、点灯熬油的多了，都发财了？大多数人还是鸡飞蛋打，钱没赚着，本钱赔光，还落了一身的病。你不信命行吗？

家人：你又来了，人家也不是一出门就赚了大钱，也是赔了几次，才摸清生意门道的。干什么都讲究个入行，像你这样什么都不沾的，不穷才怪。

大伯失笑：他们家以前是赔过，不是他们不信命，而是他们就是个劳碌命。命里就该着他们三起三落，该着他们现在发大财。你命里没有，眼红也没用呀。

你……家人彻底被他的优雅逻辑打败，无计可施了。

‹ 04 ›

这位乡里大伯的观点，堪称人类语言中最完美的陷阱。只要你跌进去，这辈子就甭想再爬上来。

命里有时终须有，命里无时莫强求。短短14个字，却是个浑圆自洽的逻辑体系，可以用来解释任何人的成功，他命里该有嘛！也可以解释任何人的失败，他命里没有嘛！可以解释人生的任何事情——命里合该这样嘛！

许多人并不认可这句话，却无从辩驳。

无法辩驳，只能认可其内在的合理性。不可避免地，听到或是自书中读到这句话的人，大脑就会自动兼容，将这句话作为一个体系纳入，从此受其控制，逃无可逃。

大学毕业后，我重返乡村，想再见见那位大伯，与他探讨"命里有时终须有，命里无时莫强求"的内在逻辑机制。但是好可怕，到处打听，居然没人知道他是谁。

莫非，这位大伯是鬼？

后来询问村里最老的长辈，老人家寻思了半晌，才猛然醒悟：原来你说的是那谁家的谁呀，早死了，死了好多年了。

怪不得没人知道，原来……他身体那么壮，怎么会死呢？

老人家说：好多年前的事了。他去隔壁村赌博，正赌到兴头上，村干部突然来查。其实也没赌几个钱，他老实待那儿就没事。可是他狗急跳墙，一人半高的院墙，他嗖的一声就翻过去了。不承想墙那边是个两米多深的沼气池，他陷进去时还不敢吭声，怕被抓赌的抓到。等到想吭声时，估计已经来不及了，结果……

命里有时终须有，命里无时莫强求。

这句话倒是深刻地折射了这位大伯的奇怪命运。

‹ 05 ›

思维是分层级的。

操作系统是一个人的世界观，世界观是决定性的，只能运行与此兼容的人生观程序。

如果一个人真的有什么穷人思维，那多半是世界观出了问题。

命里有时终须有，命里无时莫强求。这句话，实际上是一种世界观。

之所以无从辩驳，是因为世界观是一种高维观念，特点是以点覆面，可用以解释低维人生的所有事情。你用人生观与之辩驳，就好比楼上漏水，你在楼下死折腾，是不会解决问题的。必须要爬到世界观这层楼，把漏水的地方修好，你的世界才会恢复正常。

‹ 06 ›

先来说说什么是命。

命是人力无法对抗的、自然界的客观规律。比如生老病死，比如一年四季，比如地球绕着太阳转，月亮绕着地球转。这些事目前是人力无法改变的。

而一个人的命，有些是确定的，比如人总是要死的，总是要从婴儿长成大人的。但更多的是不确定的，这些称为运，诸如求学的机会、事业的选择、爱情姻缘，这些都是博弈态势的，充满了变数。

人生，两头是确定性的，一头是出生，一头是归于沉寂。而中间状态，是完全不确定的。

你努力求知，无论读不读大学，都会让自己优秀起来，获得更多的机会。你研究商业规律，纵然不发大财，也缺不了衣食吃喝。你研习人性，就算娶不到绝世美女，享受美满的爱情与婚姻却易如反掌。

命里有时终须有，命里无时莫强求。 这句话，**蠢就蠢在把人生两端的确定性拉长，覆盖了整个人生；错就错在以确定性，替代了不确定性。**

这个替代可要了亲命。正所谓人心唯危，道心唯微。认知这种事，从来都是差之毫厘，谬以千里。一旦把不确定的人生固化了，纵然你口中不言，大脑也不再愿意工作。固化确定的认知，就不可能再认可努力奋斗——结果早就注定了,你还奋斗个啥啊?!

固化认知的错误扩大化,不仅会让人颓废消沉,更会让人产生强烈的赌徒心理。赌徒之所以嗜赌,只是因为对未知的明天产生了好奇,总是忍不住想掀开命运的底牌,看看命运把自己的明天设计成什么样了。虽说结果注定,努力不努力一个样,但说不定命运一时犯糊涂,给自己的明天预设了发财呢?那就赌一把试试。所以赌徒一旦坐到赌桌上,就会浑然忘我,老婆跟人跑了都不管,就是因为他们的大脑进入亢奋的舒适状态,太想偷看一下命运的底牌了。

颓者必有惰心,懒人多生赌性!

人类的选择与行为,不过是思维观念的现实化。

‹ 07 ›

命,是失败者的借口;运,是成功者的谦辞。

人生是一场声势浩大的博弈,属于命管辖的范围其实极少极少,而属于运的范畴则极为广泛。

比如"阿尔法狗"对阵"阿尔法猫",猫狗之战,必有一个胜出。这个结局是固定的,可称为命。

而究竟是猫赢还是狗胜,这事完全说不准,取决于双方的临场发挥,以及此前的准备工作是否做得扎实。

有脑子的人,知道确定性的点在哪儿,也知道不确定区域的范围有多大,于确定点上沉静,于不确定时奋起。

相反,有些人对人生缺少足够的思考,不自觉地让思维认知中的确定性扩大,覆盖了对整个人生的认知,进而生出颓废之心,再也无力应对人生课题。

‹ 08 ›

除了生老病死之外，人生只有两件事无可改变。

哪怕你再优秀，也无法改变别人嘲笑你的态度。

哪怕你再完美，也无法让隔壁老王的太太爱上你。

你能改变的，是自己；无法改变的，是人性。

记住该记住的，忘记该忘记的。改变能够改变的，接受不能改变的。

每个人的命运都在自己手上。这世上，不乏身有残疾，但仍然成就事业之人。相反，许多人体壮如牛，但思维认知出了故障。他们把精力耗费在那些不能改变的事情上，抱怨自己没有生在富豪之家，埋怨爹妈不是富一代。如此类颓废之人，纵然你把无边财富拱手送到他脚下，他也会豪情万丈地把色子一掷，输得干干净净，而后长叹一声：这都是命啊！

明智的人，不受颓废观念的浸染，总有一颗向上的心。他们将生命倾注在那些能够改变的事物上，目标明确，终生学习，让自己每天优秀一点点。日积月累，他们的认知水平渐渐高于整个社会，获得比别人更多的机会。说到底，这世界如果有比拼的话，拼就拼个思维认知能力。学会审视自己的思维，扫清那些混沌污浊的东西，只要心灵认知没有被扭曲，那么我们的人生就会一帆风顺，歌舞升平。但我们永远也不可能改变颓废者的怨愤，所以还要学会谦和地说：这只是运气罢了。

人生破局：看见看不见，知道不知道

‹ 01 ›

看了篇采访，很受震撼。

采访两个1980年考入大学的数学系学生。快40年了，当年大学的录取比例只有8%，此二人堪称精英中的精英。

走过近40年的人生路，两人的际遇如何呢？

其中一个在美国风生水起，购置私产，隔壁是前总统克林顿。

另一位，生活于闭塞乡村，衣食无着，全靠每月领取400元救济金艰难存活。没有手机，与世隔绝，村里送他一部手机，却充不起电，要去村里充。

惊骇之余，冲出我们脑子的第一个问题是：是什么样的差别，导致同一起点的两个人渐行渐远？

< 02 >

人和人的差异是很小的——这微小的差异，或在于人生目标！

有些人，目标明确，意志果决，千里望山不怕远，日进一步亦欣然。目标的感召赋予他们强韧的行进力，终将有望突破命运的束缚。

另外一些人，始终找不到自己的人生目标，如喝醉了的狗，满脸困惑茫然。迫于无奈跟着潮流奔行，东一榔头西一棒子，比谁都努力，数他最辛苦，却总是被阻隔于主流生活之外。

为什么有些人找不到自己的人生目标呢？

< 03 >

人生迷茫，找不到目标，是因为不知道目标长什么模样。

譬如一个男孩，生下来就搁在一个封闭环境里，不让他接触任何与女性相关的事物，连味道都不允许有，只有一群大男人围着他。等这孩子长大，你问他：孩子，你想找个什么样的姑娘相伴终身？

姑娘？这孩子定然两眼迷离：什么叫姑娘？是吃的还是喝的？我不知道啊。

你急了：不知道可不行，这可是你的人生大事，必须要想清楚。

孩子不想还好，越想神经越错乱。因为他生平没见过女孩，根本没有感性认知。除了茫然、困惑、痛苦，他不可能有别的表现。

这从未见过的姑娘，就是有些人的人生目标。太抽象、太空洞，缺乏现实质感，真的想象不出来。

比喻倒是蛮好，然而目标到底长什么模样呢？

⟨ 04 ⟩

人生目标，是个量化的结构体。

这又是什么意思？

比如，你问一个孩子：你的人生目标是什么？

孩子：……没有目标，人家好茫然。

你：没有目标，你就死定了。

孩子：那我可以有，我要赚钱，赚大钱。

你：多少钱算是大钱？我扔你1块钱算不算？

孩子：1块钱太少，我要成为世界首富！

成为世界首富，就是目标的量化。

量化之后，你继续问：孩子，你要成为世界首富，天天蹲家里不敢出门，见到妹子就往板凳下面钻，这可能吗？

孩子：好像……有点难度。

你：对喽！你要成为世界首富，就必须出现在未来最前沿的产业、最关键的位置上。你认为未来30年，哪个产业会异军突起，改变整个世界？是人工智能？是区块链？还是生命科学？

不管你认准哪个产业，这个产业一定是有结构的。周边是被彻底改变的社会与市场，底层是跟风者，略上是辛苦打工狗，中层是白领，略高是战略制定层，而你必须居于最高点，才能赚到比所有人都多的钱。

这个产业结构，就是你的目标结构。哪怕你只想赚100万，也一定要有这么个结构。

< 05 >

万事开头难。人生至难，不过目标的厘定。

如果你看不到摸不着目标，当然满心空茫、两眼迷茫，就如狗咬刺猬，无从下嘴。

现在你知道了，第一个阶段，也就是目标认知期，就算是过了。

然后是第二个阶段：准备期，或是目标拆分期。

只要你的目标不是置自己于最不堪之地，就一定是在某个产业结构中有个位置。你想站在这个位置上，就必须把居于你脚下的本事尽量掌握，至少是了解。

比如你想成为一个靠写字吃饭的作家，那就要大量阅读，喜欢的读，不喜欢的也得读。脑子里存储了一定量的文字，然后是写，喜欢的写，不喜欢的也得写。再接下来要研究读者心理，写出最契合时代人心的作品。然后是出版系统，一部文字稿如何进入编辑法眼，如何进入编审程序并最终进入印刷车间，再通过分销渠道与读者见面，这些都要懂。

这个过程就叫目标拆分，居于你的目标之下的，都是你盘子里的菜。

< 06 >

然后是第三个阶段：目标组装期。

这一阶段与第二阶段恰好相反，就是从理论设计到实操完成的过程。

目标组装完成，是不是就可以坐下来开吃了呢？

错！此前三个阶段是最容易的，是你可以蹲在小屋子里，一个人完成的。这叫事业的独立运行阶段，不需要看别人的脸色眼神，一切完全取决于你自己。

第四个阶段：事业博弈期——真正的艰难才开始！

就是你的事业必须获得市场认可，才能产生效益，带来让你把事业推进到底的资源。

比如你想成为作家，到这一步，你的书稿就算是完成了。这时候，你要把书稿摊开掰碎给大家看，大家说好，才是真的好。大家都说是垃圾，就你一个人抬杠，是不行的。正如马云所说，这时候你的事业要经过这么几个阶段：看不见、看不懂、看不起——纵然你写出的是世界级的名著，大家仍不以为意，因为你是在创新，拿出来的是此前世上没有的东西，大家根本不理解，只会认为你神经。

所以才要博弈。

你的事业，必须要跟公众的认知赛跑。你必须要在公众看见了、看懂了、看得起你时还活着，才能继续玩下去。

有多少悲剧英雄，倒在公众认知扭转之前的黑暗中！

而更可敬的英雄，不玩背水死战的悲情，顺应认知规律，晴天备伞，陆地寻舟，事先准备好熬过凛冬的粮草，以大无畏的乐观主义精神笑对公众冷眼。

鲁迅先生说：横眉冷对千夫指，俯首甘为孺子牛。网友说：人生虐我一千遍，我待人生如初恋。都是这个意思。

‹ 07 ›

挺过博弈期，就迎来了春暖花开。

第五个阶段：市场认可期。

鲜花来了，荣誉来了，此前骂你最狠、恨你入骨的老兄率先登门，紧握你的手说：要不是我在你最危难的时候扶了你一把，你现在已经死几次了。人啊，要懂得感恩。

你忍着将对方拖进厨房宰掉喂狗的强烈冲动，满脸真诚地拥抱对方：谢谢，谢谢，没有你的支持，就没有我的今天。

度过艰危，你就成熟了。

不是不计较，只是不值得。

第六个阶段：资源聚合、事业辉煌期。

你已不再是凡夫俗子，人中龙凤的标识刻在你睿智的脑门上。高不可攀的大人物纷纷与你称兄道弟，寻求合作。所有人都认可你，只要市面网络上有一句机智的话语出现，大家第一时间就把版权送给你，非说是你说的。你不承认，大家就跟你急。

你踌躇满志，志得意满，睥睨天下，目无余子——忽然冷风袭来，把你手上比擀面杖还粗的雪茄吹得直飘向大西洋。

聚集在你身边的人群霎时间消失了，只有一句阴森森的话语自遥远的天际飘来，若有似无：凛冬将至，你死定了。

物极必反，于是进入你人生事业的第七个阶段：盛极而衰，必须凤凰涅槃，浴火重生。于不断进取中焚化昔年积成的旧自我，洗心革面，砥砺自强，迎接一个充满变化的新时代。

‹ 08 ›

这就是人生事业的几个阶段。

难的是开端，是目标的认知。更难的是中间博弈。比更难还要难的是阶段结束，一切归零——正常的人生就是这样一个螺旋上升状态，否定，再否定。只有不断否定自己，才能应对市场对我们的否定，避免死得太难看。

这七个阶段，古老的《易经》开篇的乾卦中也曾说到。

第一个阶段，目标认知期——目标不可见，人心两茫然。这叫潜龙勿用。

第二个阶段，目标拆分期——依据目标拆开来的部件，做足能力资本的准备。这叫见龙在田，就是环境不利，是龙你得盘着，是虎你得卧着。

第三个阶段，目标组装期——这是独立工作的最后一步。目标组装完成就要打开门，丑媳妇要见公婆。这个阶段叫君子终日乾乾，就是好紧张、好羞涩的意思。

第四个阶段，事业博弈期——你的工作终于进入社会认知环节。《易经》中称为或跃在渊，你以为自己一飞冲天，其实下面是个好大好大的坑。

第五个阶段，市场认可期——熬过艰难的市场博弈，你的付出终于有了回报。这叫飞龙在天，随你撒欢。

第六个阶段，资源聚合期——这个阶段你的事业达到极点，如日中天，紧接着太阳开始下落，进入衰退期。《易经》中称为亢龙有悔，就是玩得太疯，肠子悔青的意思。

第七个阶段，凤凰涅槃、浴火重生期——人生事业的周期，顶多不过30年，所有人都要做好准备，二次创业甚至三次创业。但这时候你已经足够强大，所以《易经》中说，值此群龙无首时代，正是你大展拳脚之时，疯起来吧，吉！

⟨ 09 ⟩

人生艰难，是因为不知前路，不知规律。

要懂得破局，看见看不见的，知道不知道的。

要能够把抽象的名词具象化，要能够从具象化的现实中总结出抽象的原理，要能够把复杂的事物提纲挈领简单化，要弄清楚简单事物背后极复杂的运行机理。

快乐的人生就是在这七个阶段中不断循环。你的目标你做主，你的事业你开创。人生一步也无法取巧，必须要实打实地把属于自己的那份独立的、确定的工作做好。要对人性的认知抱有永远乐观的态度，博弈固然繁复，但人心始终是向上的。

重要的是我们自己的认识，规律就是规律，万不可跟规律怄气，不可与人性顶牛。浮生若茶，破执如莲。止浮躁，定空茫。安迷心，定其神，顺人性，循规律，看似刻板，实则一步见花开，步步燕归来。心存明月在，常照彩云归。如此绝美意境，才不负我们的激情人生。

决定你一生的，是趋势判断力

< 01 >

信息爆炸时代，大家每天疯狂地刷刷刷，刷各种资讯。

可是效果怎么样呢？

如果你根本没有对资讯价值的判断力，纵然每天刷一万篇网文，也是枉然。

北大光华管理学院的客座教授黄铁鹰先生，曾讲过他的小学老师的故事。

老师生于印尼，是广东华侨，20世纪50年代毕业于雅加达大学金融系，然后爱国归来，在长春做了个小学老师，同时给孩子们讲数学和语文。

1977年，老师带着妻子和3个孩子到了香港，成为一名建筑工。几年后，开始在家里组装电子表，卖往内地。

改革开放后，老师来到深圳，创建深圳（香港）环亚电子集团公司。这家公司早年在深圳极有名，是深圳最大的电子装配工厂，老师也成了鲜衣怒马的董事长。

多年之后，这位快人一步，由小学老师转型而成的董事长怎么样了呢？

说出来，会把你惊得眼珠滴溜溜乱转！

‹ 02 ›

若干年后，黄铁鹰已经从当年的小学生变成了名家客座教授。

有一天，他在香港油麻地逛街，突然听到一个声音：10元两件，10元两件！要买的赶紧啦，错过这个村就没这个店啦！

这声音好耳熟啊。

扭头一看，他顿时目瞪口呆——昔年鲜衣怒马的环亚电子集团董事长正推了辆三轮车，当街大声叫卖日本的二手服装。

董事长在搞什么？黄先生看不懂：莫非，这是时下流行的行为艺术？

正犹豫要不要打招呼，突听一声喊：警察来啦，赶紧跑啊！就见老师把二手衣服往车上一塞，推车狂奔，疾如闪电——跑得那叫一个快，全香港的警察都逮不到他。

原来，响当当的环亚电子集团破产了，老师被打回原形了。

可这是为什么呀？

‹ 03 ›

黄先生找到老师，询问究竟。

老师说：你都看到啦，老师破产了，公司没有了，现在老师只能干这个。当年光鲜的董事长夫人，就是你师母，现在在一家血汗工厂做女工，专职剪线头。

黄先生不明白：老师，你那么大的企业，怎么会破产呢？

老师：还不是股市闹的，当初炒股忒赚钱啦，我干脆把企业抵押上了。结果你瞧瞧，股市一跌，老师的企业就没有了。

黄先生：……老师，你可是学金融的，比任何人都懂股市……

老师：金融有个屁用，一切取决于人性——要不要来件日本的二手衣服？便宜，才20块钱！

< 04 >

网上有篇很火的文章，大意是：如果当年不读书，现在已是大土豪。

文章称：有个孩子，生在北京长在北京，独生子女。如果他只吃不挪窝，现在铁定是大土豪。

但他非常热爱学习，于是家人张罗送他出国，可是没有钱。

那就卖房吧！

家里把当时在北三环的房子卖掉，孩子拿了钱，意气风发地奔美国。

6年后，孩子带着两张文凭归来，开始努力奋斗。奋斗了几年，惊讶地发现家里当年卖掉的房子此时已价值千万，而他工作4年的收入，连房子的首付都付不起了。

文章问：到底这些年的背井离乡，值还是不值？

< 05 >

太阳底下，没有新鲜事。

人类的每一次错误，都有过去的影子——不过是重蹈覆辙。

历史给我们的唯一借鉴，就是我们从历史中不能得到任何借鉴！

投资界的陈宇先生说：我所有的成功或失败，很大程度上都不是我个人的能力决定的，而是被大趋势给决定了。我赢利的机会其实只有一个，就是连猪都会赚钱的时候！

陈先生认识一个年轻人，当年去名企应聘。竞争惨烈啊，堪称高手如云。年轻人过关斩将，险象环生，把这些竞争对手统统击败，获得了这个美好的职位。

看着那些残兵败将灰头土脸地去了家没名气的小公司，好爽哟！

10年过去了，当年那些手下败将，个个身家都过了亿，而这位获得胜利的年轻人仍然在原地徘徊。

为啥呀？因为当年那些失败者不得不去的那家小企业，叫阿里巴巴。

陈先生谆谆告诫说：永远不要与趋势为敌！

< 06 >

说到不可与趋势为敌，许多人频频点头：对呀对呀，你看股市这些年来有多少泡沫，你怎么可以把那么大的企业像押宝一样押上去呢？这不是脑子进水了吗？你看房地产业这么多年来发展如此迅猛，你怎么可以卖掉北京的房产呢？还有，谁不知道马云有钱，当年你咋不跟他混呢？

马后炮，其实看到的根本不是趋势，而是已发生的结果。

俯瞰此后30年，知道潮流和大势，这才是洞悉趋势。

肤浅者总是拿现在的结果去衡量此前的选择，只有真正思考过人生智慧的人，才有可能具备趋势研判力，让自己获得顺风顺水的一生。

< 07 >

周有光老人生于晚清年间，经历了民国时期、抗日战争时期以及新中国诞生后的历次波折，幸福地活到了111岁。

老人家年轻时赴英伦留学，每天在阅览室里翻阅报刊。

有位教授对他说：孩子，新闻资讯不是这么看的。你这种阅读方法，看起来好像是在了解世界，实际上是在做无用功。

为什么呢？周有光问。

教授解释道：因为你每天看到的大量资讯根本不是什么资讯，不过是时下生活的浮光掠影。这些琐碎的文字，既非时代趋势，更对生活缺乏影响。一个人把宝贵的时间浪费在这种无意义的阅读上，就会努力一生，却一无所获。

真的假的？周有光半信半疑：那要怎样做，才算是把握趋势的阅读呢？

你要这样做……教授指点道：你仍然要每天浏览新闻资讯，但浏览过后，你要闭上眼睛，在心里想一想，今天看了好多新闻，哪一条是最重要的、最有可能产生重大影响的呢？

凭直觉，你会找出一条新闻。

然后，你要证明一下：为什么这条新闻是最重要的呢？

证明的方法很简单，就是查阅《大英百科全书》——查阅书中的理论，看有没有哪条和今天的新闻有深切的契合点。

如果一条新闻资讯，其信息符合科学理论或人性理论，那么这条新闻所提到的事件或商业机构就会在历史长河中慢慢发酵，这起事件或这家商业机构就会慢慢成长壮大。 或许它起初并不起眼，不引人注意，但慢慢地，这起事件就会成为历史潮流，这家商业机构就会获得越来越多的资源，终有一天成长为震骇世人的"巨无霸"。

哦，原来研判未来趋势，就是用这么个简单的办法。

周有光学会了。此后他的人生变得平静，再也没什么大起大落，没什么坎坷或磨难。

岁月静好，现世安稳——只需要这一点点的小智慧。

< 08 >

如果用周有光老人的这个简单法子，盘点一下此前中国经济高速增长的30年，曾经让你困惑的一切就会变得简单透亮，明明白白。

再用这个法子研判此后的30年：

你会发现，**未来30年是一个认知扩维而文化扩容的时代。** 技术的高速发展会让生活的技术含量越来越高。正如互联网废掉了行走在田间小路上的邮差，此后所有的简单操作都将为技术所取代。

你会发现，**未来30年是一个人文学科迅速发展的时代。** 当技术在生活中占有越来越高的比例时，人类必须选择技术暂时还不太擅长的领域，以拓展自我空间。而思想领域与智慧之界，因其个人化的特点，让技术一时难以攻克占领，更有可能麇集更多的人性化诉求。

你会发现，**此后30年，广义财富会出现，** 彻底改变第二次世界大战之前，社会财富受制于黄金总量，而"二战"后钞票发行又受制于社会财富总量的两难格局。新的时代，变化无穷，哪怕你稍有落伍，都有可能被摒弃于财富城堡之外。

你会发现，**此后30年，知识学习必将让位于智慧推演，个性化、更具实用价值的知识体系会出现**。此后30年，现有的大学教程必然会被颠覆重建，许多头发斑白的老教授将不得不苦着张脸，和学生们坐成一排共同学习。

总而言之，变革正在进行，值此密云不雨、风雷隐隐之际，我们每个人真的需要具备一点趋势研判能力。

⟨ 09 ⟩

人之自由，是拥有思想。

有思想、有见识，赋予我们于混沌现实中的明锐眼光，穿透未来铁幕，把握时代趋势，感受那强烈跳动的脉搏。躁动的心，就会恢复平静。

幸福的人生都是相似的——知趋势，行稳健，鸡不飞，狗不跳，无非是平静祥和。这就是幸福的相似性。

不幸福的人生，各有各的狗血——昧于势，昏于理，情迷惘，心惶恐，这样的人生忽起忽落、跌宕起伏，会让心脏饱受刺激。

平平淡淡才是真，清楚明白见本心。人生最重要的莫过于对时代趋势的把握，昧于大势之人，犹如盲人骑瞎马，半夜临深池，真的好危险。只需要一点点的认知智慧，让我们明确未来的方向，一切就会变得简单起来。无论是此前的历史还是久远的未来，起作用的永远是简单智慧。

心如房间，喜欢自己的人会把房间收拾得整洁清净、简简单单，不喜欢自己的人会把房间弄得一团乱麻。所以认知不足、昧于智慧的人，总是把人生弄到极尽痛苦，付出惨烈，所获极微。但如果你能够清晰地看到远方，生活中的一切就会归于简单，你就会感受到平静与平和的幸福力量。

© 中南博集天卷文化传媒有限公司。本书版权受法律保护。未经权利人许可，任何人不得以任何方式使用本书包括正文、插图、封面、版式等任何部分内容，违者将受到法律制裁。

图书在版编目（CIP）数据

做一个快乐而简单的人 / 雾满拦江著 . -- 长沙：湖南文艺出版社, 2024.9. -- ISBN 978-7-5726-2006-5

Ⅰ . B84

中国国家版本馆 CIP 数据核字第 2024EM4703 号

上架建议：畅销·励志

ZUO YIGE KUAILE ER JIANDAN DE REN
做一个快乐而简单的人

著　　者：	雾满拦江
出 版 人：	陈新文
责任编辑：	匡杨乐
监　　制：	秦　青
策划编辑：	康晓硕
营销编辑：	柯慧萍
封面设计：	末末美书
版式设计：	李　洁
内文排版：	麦莫瑞
出　　版：	湖南文艺出版社
	（长沙市雨花区东二环一段 508 号　邮编：410014）
网　　址：	www.hnwy.net
印　　刷：	三河市鑫金马印装有限公司
经　　销：	新华书店
开　　本：	680 mm×955 mm　1/16
字　　数：	231 千字
印　　张：	18.5
版　　次：	2024 年 9 月第 1 版
印　　次：	2024 年 9 月第 1 次印刷
书　　号：	ISBN 978-7-5726-2006-5
定　　价：	58.00 元

若有质量问题，请致电质量监督电话：010-59096394
团购电话：010-59320018